ESPAGNOLAS

ET

BOYARDINOS

FOLIE-VAUDEVILLE EN DEUX ACTES, MÊLÉE DE CHANT

PAR

MM. MARC-MICHEL ET E. LABICHE

REPRÉSENTÉE POUR LA PREMIÈRE FOIS, A PARIS, SUR LE THÉATRE DU PALAIS-ROYAL, LE 7 JUIN 1854.

DISTRIBUTION DE LA PIÈCE :

CRÉTINOWICTH, boyard russe . . . . MM. GRASSOT.
GIGOMIR, son fils . . . . HYACINTHE.
CHATEAU-MARGOT, commis-voyageur français . . . . LUGUET (RENÉ).
KRAPOUSKINE, serf, au service du boyard. OCTAVE.
OURSIKA de GANACHKINE, jeune russe, majeure . . . . Mme THIERRET.
BABIOLE, modiste française . . . . . . Mlles AZIMONT.
ROSITA, Espagnole, directrice de la troupe des danseurs . . . . DÉSIRÉE.

DANSEUSES ET DANSEURS ESPAGNOLS.

NOTA. — Toutes les indications sont prises de la salle — Les personnages sont placés en tête des scènes dans l'ordre qu'ils occupent, c'est-à-dire que le premier inscrit tient la gauche. Les changements de position sont indiqués par des renvois.

ESPAGNOLAS ET BOYARDINOS.

ACTE I.

Le théâtre représente une terrasse, dominant la campagne. — Bâtiments à droite et à gauche. — Au fond, balustrade en pierre. — Portes à droite et à gauche. — Un espace entre les bâtiments et la terrasse pour les entrées du dehors.

SCÈNE I.

KRAPOUSKINE, *puis* GIGOMIR *et* CRÉTINOWITCH.

KRAPOUSKINE, *seul, mettant le couvert.*

Le déjeuner est prêt, le général Crétinowitch et le colonel Gigomir, son fils, peuvent venir... ils font leur tournée dans la forteresse... Voyons, si je n'ai rien oublié; hier, il manquait un couteau... j'ai reçu le knout !... Depuis la guerre, Crétinowitch ne décolère pas... ça lui a donné un érésipèle... oh ! le voici ! (*Il porte la main à sa tête et, reste fixe au salut militaire.*)

(Gigomir et Crétinowitch entrent par le fond, Crétinowitch par la gauche et Gigomir par la droite ; ils traînent chacun un grand sabre et se rencontrent au milieu de la scène.)

CRÉTINOWICTH, *s'arrêtant.*

Crrr !... qui vive ?

GIGOMIR.

Boyardinoffs !

CRÉTINOWITCH.

Avancez à l'ordre !

GIGOMIR, *lui donnant le mot d'ordre.*

« Astuce ! »

CRETINOWITCH, *se penchant à l'oreille de Gigomir.*

« Et chandelle des six... » (*Naturellement, donnant une poignée de main.*) Bonjour, mon fils.

GIGOMIR.

Bonjour, papa. (*Ils descendent la scène.*)

CRÉTINOWITCH.

Qu'est-ce que tu as vu ?...

GIGOMIR.

Rien du tout.

CRÉTINOWITCH.

C'est très-inquiétant.

KRAPOUSKINE.

Le déjeuner du maître est servi.

* Crétinowitch, Gigomir ; Krapouskine, 2e plan,

BIBLIOTHEQUE DRAMATIQUE

Théâtre moderne.

ESPAGNOLAS ET BOYARDINOS

COMÉDIE-VAUDEVILLE EN 2 ACTES

PAR MM. MARC MICHEL ET E. LABICHE

Prix : 60 centimes

MICHEL LÉVY FRÈRES, LIBRAIRES-ÉDITEURS

RUE VIVIENNE, 2 BIS

PARIS — 1854

Chez les mêmes Editeurs.

MUSÉE LITTÉRAIRE DU SIÈCLE

CHOIX DES MEILLEURS OUVRAGES MODERNES.

Il paraît deux livraisons par semaine, ou une série tous les quinze jours.

20 *centimes la Livraison, composée de* 24 *pages.*

EN VENTE, OUVRAGES COMPLETS :

ALEXANDRE DUMAS.

Les Trois Mousquetaires. 1 vol. 1 50
Vingt ans après........ — 2 »
Le Vicomte de Bragelonne. — 4 50
Le Chev. de Maison-Rouge — 1 10
Le Comte de Monte-Cristo. — 3 60
La Reine Margot........ — 1 50
Ascanio............... — 1 30
La Dame de Monsoreau... — 2 20
Amaury............... — » 90
Les Frères corses........ — » 50
Les Quarante-cinq....... — 2 20
Les deux Diane......... — 2 »
Le Maître d'armes....... — » 90
Le Bâtard de Mauléon.... — 1 80
Mémoires d'un Médecin
Joseph Balsamo....... — 3 60
La Guerre des Femmes... — 1 50
Georges............... — » 90
Une Fille du Régent...... — 1 10
Impressions de Voyage :
Suisse............... — 2 »
Midi de la France..... — 1 10
Une Année à Florence.. — » 90
Le Corricolo.......... — 1 50
La Villa Palmieri...... — » 90
Le Spéronare......... — 1 30
Le Capitaine Aréna.... — » 90
Les Bords du Rhin..... — 1 10
Quinze jours au Sinaï.. — » 90
Cécile................ — » 70
Sylvandire............. — » 90
Fernande.............. — » 90
Le Chevalier d'Harmental. — 1 30
Isabel de Bavière....... — 1 10
Acté.................. — » 70
Gaule et France........ — » 70
Le Collier de la Reine.... — 2 20
La Tulipe noire......... — » 70
La Colombe. — Murat.... — » 50
Ange Pitou............ — 1 80
Pascal Bruno........... — » 50

LÉON GOZLAN.

Les Nuits du Père Lachaise — 1 10
Le Médecin du Pecq..... — 1 30

PAUL FÉVAL.

Les Amours de Paris..... — 1 75
Les Mystères de Londres. — 3 »

EUGÈNE SUE.

Les Sept Péchés capitaux. — 5 »

Chaque ouvrage se vend séparément :

L'Orgueil.......... — 1 50
L'Envie........... — » 90
La Colère.......... — » 70
La Luxure......... — » 70
La Paresse......... — » 50
L'Avarice......... — » 50
La Gourmandise..... — » 50
Les Enfants de l'Amour... — » 90
La Bonne Aventure..... — 1 50
L'Institutrice.......... — » 90

X. B. SAINTINE.

Une Maîtresse de Louis XIII — 1 1(

LOUIS DESNOYERS.

Aventur. de Robert-Robert. — 1 3(

ÉM. MARCO DE SAINT-HILAIRE.

Une veuve de la Grande
Armée.............. — » 9

ELIE BERTHET.

Antonia.............. — » 9

FÉLIX DÉRIÈGE.

Les Mystères de Rome... — 1

ALPHONSE KARR.

Sous les Tilleuls........ — »
Fort en Thème.......... — »

FRÉDÉRIC SOULIÉ.

Le Lion amoureux....... —

MÉRY.

Héva................ — »
La Floride............ — »
La Guerre du Nizam..... — 1

EUGÈNE SCRIBE.

Carlo Broschi.......... —
La Maîtresse anonyme.... —
Judith ou la loge d'opéra. —
Proverbes............. —

CHARLES DE BERNARD.

La Femme de 40 ans.... —
Un Acte de vertu et la Peine
du talion........... —
L'Anneau d'argent....... —

CRÉTINOWITCH.

Je n'ai pas faim... j'ai la bouche amère... crrr! je crains toujours d'être bombardé!... (*A Krapouskine.*) Avance ici, rebut de l'humanité!

KRAPOUSKINE, *s'approchant.*

Oui, bon maître.

CRÉTINOWITCH, *lui donnant une lorgnette.*

Prends cette longue vue... et regarde toujours du côté de la mer... Dès que tu apercevras les flottes, tu m'avertiras.

GIGOMIR.

Votre projet serait-il de vous ensevelir sous les décombres?

CRÉTINOWITCH.

Non!... non!... mon projet est de prendre les archives et de filer dardar dans l'intérieur des terres...

GIGOMIR, *avec héroïsme.*

Je demande à marcher devant!

CRÉTINOWITCH.

Noble enfant! (*Changeant de ton.*) Si nous cassions une croute?...

GIGOMIR.

Cassons là! (*Ils se mettent à table.*)

CRÉTINOWITCH.

Des œufs à la coque... c'est ma faiblesse.

GIGOMIR.

Oui, c'est très-bon avec du sel... (*Cherchant.*) Où est donc le sel?...

CRÉTINOWITCH, *en colère.*

Où est le sel?

KRAPOUSKINE.

Maître, il n'y en a plus.

CRÉTINOWITCH ET GIGOMIR.

Comment!

KRAPOUSKINE.

Impossible de s'en procurer, les flottes ennemies en ont encore capturé cinquante-quatre vaisseaux la semaine dernière.

GIGOMIR.

Eh bien! c'est gentil! plus de sel en Russie!

CRÉTINOWITCH.

Sapristi! c'est embêtant de déjeuner comme ça! (*A Krapouskine.*) Voyons, passe-moi l'huilier, je vais faire la salade.

KRAPOUSKINE, *montrant l'huilier, dont les burettes sont vides.*

Général, voilà l'huilier, mais il n'y a rien dedans.

GIGOMIR.

Pourquoi ça?

KRAPOUSKINE.

La Russie ne produisant pas d'olives, et le vinaigre d'Orléans étant en délicatesse avec la Baltique...

GIGOMIR.

Mais alors, c'est de l'herbe ta salade!

CRÉTINOWITCH.

Voilà tout un grand peuple condamné à brouter.

KRAPOUSKINE.

Que voulez-vous, nous sommes bloqués !

CRÉTINOWITCH.

Allons ! c'est bien !... donne-moi un verre de Bordeaux !

KRAPOUSKINE.

Du Bordeaux !... ah ! bien oui !... j'ai fait écrire à votre marchand pour lui en demander six pièces, il m'a répondu...

CRÉTINOWITCH ET GIGOMIR.

Quoi?...

KRAPOUSKINE.

« Quand vous serez gentils, mes bibis. »

CRÉTINOWITCH, *se levant avec colère.*

Ah ça ! est-ce que ça ne va pas finir !... c'est très-embêtant de déjeuner comme ça !

GIGOMIR.

Papa, de la prudence !

CRÉTINOWITCH, *à part.*

C'est vrai... cet esclave pourrait nous trahir ! (*Emplissant deux verres avec de l'eau.*) Gigomir !... je porte un toast à la continuation de nos succès !

GIGOMIR, *à part.*

Avec de l'eau ! (*Haut, élevant son verre.*) A nos petits lauriers !

Ils boivent quelques gouttes et font la grimace. Après quoi ils se rasseyent et chacun trempe un petit pain dans son verre d'eau.

GIGOMIR, *piteusement.*

La Russie déjeune !

CRÉTINOWITCH.

Cristi ! que c'est fade !... (*S'exaspérant.*) Je me révolte à la fin ! (*Ils se lèvent.*)

GIGOMIR.

Papa... de la prudence !

CRÉTINOWITCH, *à part.*

C'est juste ! Krapouskine me gêne... (*Haut à Krapouskine.*) * Esclave ! tu vas monter tout en haut de la tour du Nord... et quand tu y seras...

KRAPOUSKINE.

Qu'est-ce que je ferai ?...

CRÉTINOWITCH.

Tu compteras tous les nids d'hirondelles...

KRAPOUSKINE.

Il n'y en a pas.

* Krapouskine, Crétinowitch, Gigomir.

CRÉTINOWITCH, *avec majesté.*

Tu me feras un rapport... va !

Krapouskine, s'incline et sort.

SCÈNE II.

CRÉTINOWITCH, GIGOMIR.*

CRÉTINOWITCH, *vivement à Gigomir,*

Enfin, nous sommes seuls... je puis dire mon opinion sur la guerre... eh bien ! zut ! zut ! zut !

GIGOMIR.

Personne ne peut nous entendre !... du flan ! du flan ! du flan !

CRÉTINOWITCH.

Certes, j'aime ma patrie !...

GIGOMIR.

Moi aussi !... mais du moment qu'on y est au pain sec...

CRÉTINOWITCH.

Nous n'avons plus rien à mettre sous la dent... que du cuir, du chanvre et du suif...

GIGOMIR, *d'un air friand.*

Eh ! eh ! le suif... mais faites donc une omelette avec ça !

CRÉTINOWITCH.

Et pas de sel !... qu'est-ce qu'ils ont donc à prendre tout notre sel ?... moi qui en aurais tant besoin pour ma maladie !

GIGOMIR.

Vous êtes malade ?

CRÉTINOWITCH.

Oui, la bile me tourmente... je me crois atteint d'une diabète sucrée... tout ce que je mange tourne en sucre...

GIGOMIR.

Pristi !

CRÉTINOWITCH.

Encore un peu on me rapera... on rapera ton pauvre père !

GIGOMIR.

Il vous faudrait du sel.

CRÉTINOWITCH.

Voilà !... n'en ayant pas, je me suis toujours commandé un bain avec quelques gouttes de fleur d'orange.

GIGOMIR.

Prenez garde de fondre... les cosaques vous boiraient...

CRÉTINOWITCH, *effrayé.*

Nom d'un Kremlin ! **

GIGOMIR.

Quand je pense que sans toutes ces machines-là, je serais tranquillement à Paris avec des copecks dans ma poche...

* Crétinowitch, Gigomir.

** Gigomir, Crétinowitch.

CRÉTINOWITCH.

C'est vrai, tu avais obtenu un passeport.

GIGOMIR.

Moyennant quinze cents roubles... et la promesse de n'adresser la parole à aucun Polonais, aucun Allemand, aucun Français...

CRÉTINOWITCH.

Et cœtera ! et cœtera !... le voyage d'un russe est un long monologue...

GIGOMIR.

Je pars... je traverse la Prusse, la Belgique, sans prononcer un mot conformément à mes instructions... excepté à Malines, où j'ai demandé un potage...

CRÉTINOWITCH.

Imprudent !

GIGOMIR.

Enfin, j'arrive à Paris... au débarcadère du chemin de fer du Nord...

CRÉTINOWITCH.

Heureux Tartare !

GIGOMIR.

Je demande l'adresse de monsieur Véry... on me répond que la guerre est déclarée... et je reçois l'ordre de repartir incontinent... sans dîner.

CRÉTINOWITCH.

Par le Pruth ! voilà qui est contrariant... Eh bien ! qu'est-ce que tu as vu à Paris ?

GIGOMIR.

J'ai vu le débarcadère du chemin de fer du Nord... il est joli... mais je rêvais d'autres monuments... moins sévères !

CRÉTINOWITCH.

Heureusement qu'un doux hyménée va effacer tes chagrins... dans quelques jours tu seras le mari de la gentille Oursika...

GIGOMIR, *poétiquement.*

Oui... elle est belle cette femme ! elle parle à mon âme !... quand j'entends le frottement de sa robe, il me prend des envies... de lui dire des bêtises !

CRÉTINOWITCH.

Garde-t-en bien ! elle est d'une sévérité... on l'a surnommée la Rose de Novogorod...

GIGOMIR.

C'est vrai ! j'épouse une rose... avec de la fortune...

CRÉTINOWITCH.

Trois mines de platine... son père, le prince Ganachkine, est gouverneur de cette province.

GIGOMIR.

Il nous a confié la garde de son trésor...

CRÉTINOWITCH.

Aussi, que l'ennemi se présente! plutôt que de rendre Oursika...

GIGOMIR.

Nous la mettrons avec les archives...

CRÉTINOWITCH.

Silence! la voici!

SCÈNE III.

CRÉTINOWITCH, GIGOMIR, OURSIKA.

OURSIKA, *entre rêveuse de la porte de gauche, effeuillant une fleur.*

Il m'aime... un peu... beaucoup... passionnément...*

GIGOMIR, *à part.*

Je vais lui faire une farce!... (*Il passe derrière elle et aboie.*) Haoup! haoup!

OURSIKA, *poussant un cri.*

Ah! la vilaine bête! **

CRÉTINOWITCH.

Qu'il est donc gai, mon Dieu!

OURSIKA.

Méchant!... vous m'avez fait peur!... j'ai cru que c'était un chien...

GIGOMIR, *la regardant tendrement.*

C'était votre petit colonel!

OURSIKA.

Gigomir... ne me regardez pas comme cela, ça me trouble!

GIGOMIR, *à part.*

Pristi! que j'ai envie de lui dire des bêtises!

SCÈNE IV.

LES MÊMES, KRAPOUSKINE. ***

KRAPOUSKINE, *entrant tout effaré.*

Maître! maître!

CRÉTINOWITCH, *ressautant, ainsi que les deux autres.*

Qu'y a-t-il?

KRAPOUSKINE.

La garnison vient de faire une sortie!

TOUS.

Ah! mon Dieu!

KRAPOUSKINE.

Pour aller chercher du tabac... elle revient...

CRÉTINOWITCH.

Avec une prise?

* Oursika, Gigomir, Crétinowitch.
** Gigomir, Oursika, Crétinowitch.
*** Gigomir, Oursika, Crétinowitch, Krapouskine.

KRAPOUSKINE.

Avec une bande d'individus suspects.

CRÉTINOWITCH.

Cachons l'argenterie...

KRAPOUSKINE.

Ils prétendent qu'ils sont Espagnols...

OURSIKA, *avec joie.*

Des Espagnols ?

CRÉTINOWITCH.

Combien sont-ils ?

KRAPOUSKINE.

Il y a sept femmes et trois hommes... Ils demandent à vous envoyer des parlementaires...

CRÉTINOWITCH.

Des parlementaires !... si nous tirions dessus ?

GIGOMIR.

Oh ! papa !

CRÉTINOWITCH.

Ça se fait ! ça se fait !... (*A Krapouskine.*) Qu'on attache les hommes et qu'on laisse entrer deux femmes.

GIGOMIR.

Les plus jolies !

OURSIKA, *avec sévérité.*

Gigomir !

CRÉTINOWITCH.

On ne sait pas ce qui peut arriver... je vais toujours m'armer...

GIGOMIR.

Dites donc, papa, voilà un brillant fait d'armes ! *

CRÉTINOWITCH.

Je vais écrire à mon gouvernement que nous avons fait trois mille prisonniers et pris quatorze canons...

GIGOMIR.

C'est bien peu !

CRÉTINOWITCH.

Laisse faire... ils doubleront ça là-bas ! Je vais chercher mes pistolets... rentre ta prétendue.

Air russe.

Soyons prudents !
On ne sait, mes enfants,
Quelles gens
Sont ces vils intrigants !
Ce pays
Compte plus d'ennemis
Que d'amis.

* Oursika, Gigomir, Crétinowitch.

GIGOMIR.

Turcs et Français,
Egyptiens, Anglais,
Ecossais,
Sont tous sur nos talons.
Nous n'avons
Pour amis non suspects,
Que des Grecs !

TOUS.

Turcs et Français, etc.

GRÉTINOWITCH, *à Krapouskine.*

Qu'on introduise les prisonniers !

(Ils entrent à gauche.)

SCÈNE V.

KRAPOUSKINE, BABIOLE, ROSITA, puis CHATEAU-MARGOT.

KRAPOUSKINE, *à la cantonnade, vers la droite.*

Lâchez deux femmes ! et attachez le reste !

Babiole et Rosita paraissent ; elles sont en costume d'Espagnoles.

BABIOLE, *repoussant Krapouskine en le faisant tourner de façon qu'ils se trouve en face de Rosita.*

Je proteste ! où est le bourgeois de la forteresse ?

ROSITA, *même jeu.*

Je demande sa tête !

CHATEAU-MARGOT, *paraissant ; il est aussi en espagnol.*

Peut-on entrer ? *

KRAPOUSKINE.

Pas vous ! vous n'êtes pas une femme ! (*Il veut lui barrer le passage.*)

CHATEAU-MARGOT.

Qu'en sais-tu, cosaque ? (*Avec majesté.*) Qu'on nous laisse !

KRAPOUSKINE.

Mais cependant...

CHATEAU-MARGOT.

Tu répliques... (*A part.*) Je vais lui parler russe... (*Il lui lance un coup de pied.*)

KRAPOUSKINE.

Aie ! (*Il se sauve par le fond, à gauche.*)

CHATEAU-MARGOT.

Belle langue !...**

BABIOLE.

Tout cela, c'est très-joli !... mais nous voilà coffrés !

ROSITA.

Au moment où nous touchions la frontière.

* Rosita, Babiole, Krapouskine, Château-Margot.
** Rosita, Château-Margot, Babiole.

CHATEAU-MARGOT.

Ne craignez donc rien ! nous sommes espagnols... nous sommes neutres !

BABIOLE.

Espagnols !... Rosita et sa troupe sont espagnols ; mais nous, nous sommes français.

CHATEAU-MARGOT.

Babiole, ma chère amie, permets-moi de te dire que tu n'as pas la moindre connaissance du droit des gens... (*S'interrompant.*) Tiens ! un déjeuner ! si nous nous mettions à table ?

BABIOLE.

Y penses-tu ? c'est aux russes...

CHATEAU-MARGOT.

Puisque nous sommes en guerre... La guerre est l'art de chiper le déjeuner de son ennemi !

BABIOLE.

Au fait !

ROSITA.

Allons-y !

CHŒUR.

Air de *l'Ambassadrice*.

Gaîment il faut faire
De c' repas, notr' profit
C'est le droit d' la guerre,
C'est l' droit de l'appétit !

CHATEAU-MARGOT.

Il me reste une bouteille de vin et du sel... (*Il les tire de sa besace.*)

(Ils se mettent à table.)

ROSITA.

C'est égal, je ne m'attendais pas à déjeuner dans une forteresse...

BABIOLE.

Quant à moi, je ne serai tranquille que lorsque nous aurons quitté cet affreux pays... On doit être à notre poursuite.

ROSITA.

C'est la faute de Château-Margot !

CHATEAU-MARGOT.

Du tout ! c'est la faute de Babiole !... Que diable ! ma chère amie, quand on est marchande de modes à Saint-Pétersbourg, on ne parle pas politique !...

BABIOLE.

Moi ?... j'ai parlé politique ?

CHATEAU-MARGOT.

Tu as dit en ouvrant ta porte : Dieu ! le vilain climat !

BABIOLE.

Dame ! il neigeait !

CHATEAU-MARGOT.

Il ne neige jamais en Russie ! le gouvernement ne le veut pas ! on appelle ça de la rosée... par ordre !

BABIOLE.

Est-ce que je pouvais deviner ça ?

CHATEAU-MARGOT.

Aussi, on t'a conduite chez l'inspecteur de police... un petit vieux couvert de fourrures, qui tout en prenant sa prise, t'a condamnée à vingt-cinq petits coups de knout...

BABIOLE.

Je t'en moque ! d'un revers, je lui ai fait sauter sa tabatière dans les yeux, et j'ai filé...

CHATEAU-MARGOT.

C'est alors, que dans ma joie, je me suis mis à crier : Vive le Grand-Turc ! ça m'a échappé.

BABIOLE.

Nous étions dans de jolis draps, sans cette bonne Rosita qui nous a prêté ces costumes et nous a cachés dans sa troupe de danseurs qui partait pour la France.

ROSITA.

Ne parlons pas de ça !

CHATEAU-MARGOT.

Voilà comment, de marchand de vin de champagne, je suis devenu *dansores espagnolas !* (*Elevant son verre.*) Jeune espagnole ! je bois à votre santé.

BABIOLE.

Tais-toi donc, avec tes bêtises !... tu ferais bien mieux de nous tirer d'ici.

CHATEAU-MARGOT.

Un moment !... laisse-nous prendre notre café. (*Crétinowitch paraît.*) Justement, voilà le garçon !

SCÈNE VI.

LES MÊMES, CRÉTINOWITCH.

CHATEAU-MARGOT.

Garçon ! servez-nous le café.

CRÉTINOWITCH, *stupéfait.*

Ils sont à table !

CHATEAU-MARGOT.

Qu'est-ce que c'est que ça ?... un morceau de bastion !

CRÉTINOWITCH.

Insolent ! * apprenez que vous êtes devant le général Crétinowitch !...

Tous trois se lèvent effrayés, une chaise tombe sur le pied de Crétinowitch.

CRÉTINOWITCH, *regardant sur la table.*

Tiens ! vous avez du sel ?

(Il prend le cornet, le met dans sa poche.)

* Rosita, Crétinowitch, Château-Margot, Babiole.

CHATEAU-MARGOT.

Qu'est-ce que vous faites ?

CRÉTINOWITCH.

Je le confisque... comme munition de guerre et à titre de représailles !...

CHATEAU-MARGOT.

Monsieur, nous sommes espagnols.

CRÉTINOWITCH, *apercevant la bouteille.*

Tiens ! vous avez du vin ? (*Il prend la bouteille qui est vide et la renverse dans un verre; à part.*) Plus rien !... Canailles !

CHATEAU-MARGOT.

Nous sommes espagnols, nous vous remercions de votre bonne hospitalité, et nous vous demandons la permission de...

CRÉTINOWITCH.

On ne sort pas !

BABIOLE.

Il me fait peur.

CRÉTINOWITCH.

Si vous êtes espagnols, vous devez savoir parler cette langue. *

CHATEAU-MARGOT.

Parbleu !

CRÉTINOWITCH.

Eh bien ! parlez ! dites-moi quelque chose ?

CHATEAU-MARGOT, *à part.*

Bigre !... je n'en sais pas un mot.

CRÉTINOWITCH, *à part.*

J'ignore cet idiôme, mais je verrai bien sur leurs figures... (*Haut.*) Eh bien !

CHATEAU-MARGOT.

Voilà ! (*Parlant espagnol.*) Larifla fla fla... Dolores las tauréador...

CRÉTINOWITCH.

C'est pur ! ça suffit... je vois que vous êtes espagnol. (*A Babiole.*) Et vous ?

BABIOLE, *avec aplomb.**

Iou piou piou tra la la... fandango cachucha gigotar...

CRÉTINOWITCH.

Parfait ! parfait ! (*A part.*) Elle est gentille la petite...** (*A Rosita.*) Et vous ?

ROSITA.

Me allegra de encontrar me en présencia de un caballéro tan séductor !

CRÉTINOWITCH, *à lui-même.*

En voilà une qui me paraît suspecte... elle a l'accent auvergnat !... je la soupçonne savoyarde... je la ferai surveiller ! (*Haut à Babiole.*) Quelle est votre profession ?

* Rosita, Crétinowitch, Château-Margot, Babiole.
** Rosita, Château-Margot, Crétinowitch.

BABIOLE.

Danseuse...

CRÉTINOWITCH.

Tiens! tiens!

BABIOLE.

Oh! laissez-nous partir, monsieur le russe... nous sommes très-pressés...

ROSITA.

Nous avons un engagement avec un théâtre pour danser à Paris...

CRÉTINOWITCH.

Et vous croyez que je vais vous permettre d'aller amuser les parisiens pendant que je m'ennuierai ici... Allons donc! je vous confisque... comme munition de guerre!

CHATEAU-MARGOT.

Cependant...

CRÉTINOWITCH.

Pas un mot de plus! * D'abord, j'ai besoin de vous... je marie mon fils Gigomir avec la rose de Novogorod... le mairiskoff vient d'arriver...

CHATEAU-MARGOT.

Le mairiskoff?... qu'est-ce que c'est que ça?...

CRÉTINOWITCH.

C'est un vieux bonhomme chargé de faire les mariages... celui-là est très-sourd et fort enrhumé... Or, j'entends qu'à l'occasion des fiançailles, vous nous donniez ce soir un divertissement!

CHATEAU-MARGOT.

Ah! des navets!

CRÉTINOWITCH.

Plaît-il?

BABIOLE, *vivement.*

C'est de l'espagnol!

CRÉTINOWITCH.

Ah! (*A part.*) Elle est gentille, la petite! (*Haut.*) Vous vous nommez?...

BABIOLE.

Babiole.

ROSITA, *soufflant vivement à Château-Margot.*

Y Fuentez.

CHATEAU-MARGOT, *répétant vivement.*

Y Fuentez.

BABIOLE.

Y Fuentez.

CRÉTINOWITCH.

Y Fuentez!... comme c'est espagnol!... Décidément, c'est une noble andalouse! (*A Château-Margot et Rosita.*) Allez, vous

* Rosita, Château-Margot, Crétinowitch, Babiole.

autres, allez prévenir vos camarades. (*A Babiole.*) Vous, restez... j'ai à vous interroger.

ROSITA, *bas à Château-Margot*,

Nous voilà prisonniers! *

CHŒUR.

Air anglais.

CRÉTINOWITCH.

Un sentiment folichon et bizarre,
Pour Y Fuentez soudain vient m'envahir!
Je sens, morbleu! mon âme de Tartare,
A son aspect, tressaillir et mollir.

CHATEAU-MARGOT, BABIOLE, ROSITA.

Maudit kalmouk, au diable le Tartare!
Dans ce château vouloir nous retenir!
Mais, avant peu, mon cher, sans dire gare,
Nous saurons bien filer et nous enfuir.

(Château-Margot et Rosita sortent au fond, à gauche).

SCÈNE VII.

BABIOLE, CRÉTINOWITCH, *puis* KRAPOUSKINE.

CRÉTINOWITCH, *après s'être assuré que tout le monde est sorti, revient vivement vers Babiole et lui prend la taille.***

Tiens! je t'aime! toi!

BABIOLE.

Eh bien!... voulez-vous finir!

CRÉTINOWITCH.

Tu dois avoir un poignard à ta jarretière... fais-le voir.

BABIOLE.

N'approchez pas! (*Elle remonte.*)

CRÉTINOWITCH, *la suivant.*

Fais-le voir... ***

BABIOLE.

Prends garde de le perdre...

CRÉTINOWITCH.

Petit mauvais sujet! petite Gredinettas! tu vois, je te parle ton patois... (*Il la lutine.*)

BABIOLE.

Dites donc, vous! (*Elle descend à gauche.*)

CRÉTINOWITCH, *la suivant.*

Dis-moi des choses encourageantes... je te ferai manger à ma table... (*Il veut la chiffonner.*)

* Babiole, Crétinowitch, Château-Margot; Rosita, 2e plan.
** Château-Margot, Babiole.
*** Babiole, Crétinowitch.

BABIOLE.

Je vous préviens que je griffe ?

CRÉTINOWITCH, *avec ivresse.*

Tu griffes... elle griffe... petite chatte!... (*Il veut l'embrasser. — Babiole lui donne un soufflet.*) Aïe!

KRAPOUSKINE, *entrant.*

Oh! *

CRÉTINOWITCH, *furieux.*

Un soufflet!... ah! c'est comme ça... je te fais des politesses et tu me frappes devant mes gens... un boyard!... un Crétinowitch!

BABIOLE.

Je n'aime pas jouer avec les Cosaques...

CRÉTINOWITCH.

Oh! tu vas me le payer... et tout de suite!

KRAPOUSKINE.

Maître, votre bain est prêt...

CRÉTINOWITCH.

Sapristi! il va refroidir... allons, j'y vais... (*A Babiole.*) Mais je ne te tiens pas quitte, tu vas avoir de mes nouvelles... (*Il donne des coups de pied à Krapouskine.*) Marche donc, toi!... marche donc! (*Il entre dans la porte à gauche avec Krapouskine qu'il accompagne de bourrades.*)

SCÈNE VIII.

BABIOLE, *puis* GIGOMIR, *puis la voix de Crétinowitch.*

BABIOLE, *seule.*

Qu'est-ce qu'il va faire?... il est sorti en roulant des yeux de crocodile!... il se fâche pour une giffle!... ordinairement, ces gens-là... plus on tape dessus... plus ils chantent de *Te Deum*!...

GIGOMIR, *sortant du cabinet où est entré Crétinowitch et tenant un knout à la main.* **

C'est égal... papa vient de me donner une drôle de commission pour un colonel... (*Apercevant Babiole.*) La voici... (*Il cache son knout derrière son dos et salue.* Mademoiselle...

BABIOLE, *saluant.*

Monsieur. .

GIGOMIR, *à part.*

Je ne sais trop comment lui dire ça... (*Haut.*) C'est moi... Gigomir...

BABIOLE, *à part.*

Le fils du Gouverneur! (*Haut, avec empressement.*) Enchantée, monsieur, de faire votre connaissance.

GIGOMIR.

C'est moi, mademoiselle, qui me félicite de l'heureuse cir-

* Krapouskine, Crétinowitch, Babiole.

** Gigomir, Babiole.

constance .. (*A part.*) Elle est avenante !... comment diable lui dire ça ?... (*Haut.*) Mademoiselle, un militaire n'a que sa consigne...

BABIOLE, *l'interrompant.*

Vous allez vous marier, je crois ?...

GIGOMIR.

Oui... avec la rose de Novogorod... une femme superbe !... (*Avec poésie.*) Elle est belle cette femme !...

BABIOLE.

Ah ! recevez mon compliment sincère...

GIGOMIR.

Certainement... vous êtes bien bonne... parce que... (*A part.*) Nous nous écartons de la question !

VOIX DE CRÉTINOWITCH.

Eh bien ! Gigomir !... commence donc !

GIGOMIR, *à la cantonade.*

Voilà, papa ! (*A part.*) Papa y rentre dans la question...

BABIOLE.

Mais je ne veux pas vous retenir... je vois que vous avez affaire...

GIGOMIR.

Oui... mais c'est ici que j'ai affaire...

BABIOLE.

Je vous dérange ?... je me retire...

GIGOMIR.

Non ! non !... vous ne me dérangez pas ! au contraire !... vous me dérangeriez, si vous ne me dérangiez pas ! (*A part.*) Comment diable lui dire ça ? (*Haut, montrant son martinet.*) Voilà la chose !

BABIOLE.

Ah ! oui !... c'est pour battre les habits ?

GIGOMIR.

On peut battre aussi les habits avec... mais ce n'est pas précisément pour cet usage... nous appelons ça un knout...

BABIOLE.

Comment ?

GIGOMIR.

Oh ! de seconde classe... pour le beau sexe !

BABIOLE, *ironiquement.*

Pour le beau sexe !... Ah ! quelle attention délicate !

GIGOMIR.

Voilà comme nous sommes avec les dames !... si vous voulez être assez bonne pour ôter votre mantille ?...

BABIOLE, *se reculant.*

Comment ! c'est pour moi, que...

GIGOMIR.

C'est papa qui le veut... il paraît que vous l'avez giflé, papa... et il m'a chargé de vous faire agréer l'expression bien sentie... Voyons ! dépêchons-nous !

BABIOLE, *à part.*

Ah ! mon Dieu ! que faire ?... que devenir ?... (*Frappée d'une idée.*) Ah bah ! il n'a pas l'air fort... Essayons ! (*Haut.*) Comment ! monsieur Gigomir... est-ce possible ?... vous, un homme bien élevé... un homme d'éducation !... vous oseriez frapper une faible femme !

GIGOMIR, *un peu embarrassé.*

Moi !... dame !... c'est papa... et comme vous êtes sous son protectorat... immédiat... (*Il fait le simulacre de knouter.*) Chaque pays a ses usages...

CRÉTINOWITCH, *dans la coulisse.*

Mais sapristi ! je n'entends rien ! tu flanes !

GIGOMIR.

Vous voyez, il s'impatiente... allons ! ôtez, ôtez votre mantille !

BABIOLE.*

Moi, qui en vous voyant entrer, m'étais sentie attirée vers vous... par un sentiment...

GIGOMIR.

Nom d'un petit kamtchatka !... veuillez continuer...

BABIOLE, *minaudant.*

Non !...

GIGOMIR.

Oh ! si ! (*A part.*) Quels yeux ! pétris dans la lave !

BABIOLE.

Je me disais : quel air noble et majestueux !... quelle figure fine et mélancolique à la fois !...

GIGOMIR, *à part.*

Le fait est qu'il y a de ça !...

BABIOLE.

On serait heureux de pouvoir s'appuyer sur le bras de ce frais jeune homme. (*Elle lui prend le bras.*)

GIGOMIR, *à part.*

Elle m'incendie !

BABIOLE.

Et d'aller rêver avec lui dans la prairie...

GIGOMIR, *se laissant aller.*

Sur les bords gelés d'un ruisseau... dont le murmure...

VOIX DE CRÉTINOWITCH.

Eh bien ! Gigomir !

GIGOMIR.

Oui !... il est embêtant ! (*A Babiole.*) Allons ! ôtez votre...

BABIOLE, *à part.*

Encore... (*Suppliant.*) Gigomir !...

GIGOMIR, *s'exaltant.*

Eh bien ! non ! n'ôtez rien ! jeune Espagnole... je vous aime !...

* Babiole, Gigomir.

j'aime vos yeux, votre bouche, votre nez.., je ne vous knouterai pas !

BABIOLE.

Ah ben oui, mais, si ce n'est pas vous... votre père en chargera un autre...

GIGOMIR.

Au fait !... c'est vrai... soyez tranquille, j'irai doucement...

BABIOLE.

Non, il me vient une idée...

GIGOMIR.

Je l'adopte !

BABIOLE.

Pourvu que votre père entende résonner les coups...

GIGOMIR.

Ça lui suffira... il est dans le bain.

BABIOLE.

Donnez moi cet instrument...

GIGOMIR, *lui donnant le martinet.*

Le voilà ! (*A part.*) Que va-t-elle faire?...

BABIOLE.

Très-bien... maintenant tendez le dos...

GIGOMIR.

Hein ? permettez !

BABIOLE.

C'est moi qui pousserai les cris... et c'est vous qui recevrez les coups... c'est très-ingénieux...

GIGOMIR, *résistant.*

C'est ingénieux, mais...

BABIOLE, *le regardant avec tendresse.*

Gigomir !

GIGOMIR, *de même.*

Mademoiselle Y Fuentez !

BABIOLE.

Vous ne voudriez pas me refuser ?

GIGOMIR.

Oh ! non !

CRÉTINOWITCH, *en dehors.*

Eh bien ! crr !

BABIOLE.

Vous entendez !

GIGOMIR, *tendant le dos.*

Mais allez-y mollement... (*Il se met a genoux.*)

BABIOLE.

Vous y êtes ? (*Elle lui donne un coup.*)

VOIX DE CRÉTINOWITCH.

Plus fort ! c'est trop doux !

GIGOMIR, *protestant.*

Ah ! mais non !

BABIOLE.

Votre père le veut ! (*Elle frappe plus fort.*)

GIGOMIR, *criant*.

Aïe ! aïe !

BABIOLE.

Mais taisez-vous donc ! c'est moi qui dois crier ! (*Elle frappe plusieurs coups en criant.*) Ho ! là ! là ! ho ! là ! là !

CRÉTINOWITCH, *dans la coulisse*.

Assez ! assez !

BABIOLE.

Le voici... Colonel, reprenez votre arme !... (*Elle lui rend le martinet.*)

GIGOMIR, *lui baisant la main*.

Merci ! (*A part, piteusement.*) Comme c'est ingénieux !

SCÈNE IX.

LES MÊMES, CRÉTINOWITCH, puis OURSIKA, puis CHATEAU-MARGOT.

CRÉTINOWITCH, *entrant par la porte de gauche.**

Eh bien ! est-ce fini ?

GIGOMIR.

Oui, papa !

CRÉTINOWITCH, *lui frappant sur l'épaule*.

C'est très-bien, mon garçon !

GIGOMIR, *poussant un cri de douleur*.

Aïe !

CRÉTINOWITCH.

Quoi ?

GIGOMIR.

Rien !

OURSIKA, *entrant par le fond à droite.***

Ah ! c'est gracieux ! c'est délicieux !... (*A la cantonnade.*) Bravo ! bravo !

CRÉTINOWITCH.

Qu'est-ce que c'est ?

OURSIKA.

Je viens de voir les danseuses répéter un pas... la *Grenadina !* (*Faisant des ronds de jambe.*) Elles font comme ça... et puis comme ça...

GIGOMIR, *à part*.

C'est drôle, cette femme me paraît énorme maintenant...

OURSIKA.

Et ces hommes... qu'ils sont beaux !... ils ont des castagnettes... ***

* Crétinowitch, Gigomir, Babiole.

** Crétinowitch, Oursika, Gigomir, Babiole.

*** Oursika, Crétinowitch, Gigomir, Babiole.

GIGOMIR, *à part.*

Ce n'est pas une rose... c'est un artichaut...

CRÉTINOWITCH, *frappant sur l'épaule de Gigomir.*

Elle est gentille, hein !

GIGOMIR, *poussant un cri.*

Aïe !

CRÉTINOWITCH.

Quoi ?

GIGOMIR.

Rien.

OURSIKA.

D'abord, général, je veux qu'on me donne un danseur...

CRÉTINOWITCH.

Et qu'en voulez-vous faire ?

OURSIKA.

Je veux qu'il m'apprenne la *Grenadina...* (*D'un air mutin.*) Tout de suite ! tout de suite !

CRÉTINOWITCH.

Volontiers... (*Apercevant Château-Margot qui entre en cherchant quelque chose.*) Justement en voici un... (*A Chateau-Margot.*) Que veux-tu ? *

CHATEAU-MARGOT.

Pardon... où met-on le tabac dans cette forteresse ?

CRÉTINOWITCH.

Il ne s'agit pas de tabac... voici la rose de Novogorod... tu vas lui apprendre incontinent la *Grenadina.*

CHATEAU-MARGOT, *à lui-même.*

Qu'est-ce que c'est que cet animal-là ?

CRÉTINOWITCH.

Si dans cinq minutes elle ne danse pas comme père et mère, je te fais rouer de coups !

OURSIKA, *à part.*

Pauvre jeune homme !

CRÉTINOWITCH, *à Gigomir, qui cause avec Babiole.*

Voilà comme il faut leur parler ! (*Il lui frappe sur l'épaule.*)

GIGOMIR.

Aïe !

CRÉTINOWITCH.

Ah ! c'est insupportable !

CHOEUR.

Air : *Trip ! trip !*

CRÉTINOWITCH *à Château-Margot.*

Puisque l'enfant raffole
De ta grenadina,
Apprends ta danse folle
A la belle Oursika.

* Oursika, Château-Margot, Crétinowitch, Gigomir, Babiole.

A la rendre légère,
Si tu n' réussis pas,
Mon cher, c'est ton affaire,
Foi de kalmouk, tu la dans'ras!

CHATEAU-MARGOT.

Au diable soit la folle
Et sa grenadina!
J' n'ai jamais, ma parole,
Gigotté ce pas-là.
Voyez, qu'elle est légère!
Quelle taille et quels bras!
Sapristi! comment faire
Pour me tirer de c' mauvais pas!

OURSIKA.

Oui, d'honneur, je raffole
De la grenadina,
Plus suave et plus molle
Que la folle polka.
Gracieuse et légère,
Oui, je le dis tout bas,
A ma noce, j'espère
Exécuter ce joli pas.

GIGOMIR, *lorgnant Babiole.*

D'Y Fuentez je raffole,
Et, je le sens déjà,
Sa prunelle espagnole
Dégotte l'Oursika.
Quelle grâce légère!
Quelle taille et quels bras!
Oui, voilà ma bergère;
Non, la Rose ne m'aura pas!

BABIOLE, *regardant Gigomir.*

De moi, j' crois qu'il raffole;
Oui, je le vois déjà,
Ma prunelle espagnole
A son cœur parlera.
Par ce moyen, j'espère
Nous tirer d'embarras.
Poursuivons cette affaire;
Pour l'enflammer, suivons ses pas!

(Crétinowitch, Gigomir et Babiole sortent par le fond.)

SCÈNE X.

OURSIKA, CHATEAU-MARGOT.*

CHATEAU-MARGOT, *à part.*

La grenadina!... connais pas!... (*Regardant Oursika.*) Quelle grande schabraque!

* Château-Margot, Oursika.

OURSIKA, *à part.*

Seule, avec un Espagnol!...

CHATEAU-MARGOT, *à part.*

Je vais lui apprendre le pas des sucres d'orge... façon Mabille!... (*Haut.*) Allons! avancez ici, vous?

OURSIKA, *à part.*

J'ai été bien imprudente!... (*S'approchant.*) Me voilà.

CHATEAU-MARGOT, *lui faisant prendre position.*

D'abord, vous vous placez comme ça... donnez-moi vos mains... (*Il veut les lui prendre.*)

OURSIKA, *s'effarouchant, et lui donnant une tape sur les doigts.*

Ne touchez pas!

CHATEAU-MARGOT.

Vous avez des engelures?...

OURSIKA.

Non... mais un jeune Espagnol qui prend la main d'une jeune fille...

CHATEAU-MARGOT.

Oh! ne craignez rien!... je vous la rendrai... cette jolie petite menotte plus blanche que la blanche hermine...

OURSIKA, *lui lançant un regard.*

Flatteur!...

CHATEAU-MARGOT, *à part.*

Le diable m'emporte, je crois que nous allons nous faire de l'œil! (*Haut.*) Maintenant, la tête droite, les yeux à quinze pas, la main sur la couture... non! regardez-moi... en souriant... comme ça...

OURSIKA, *émue.*

Oh! finissez!

CHATEAU-MARGOT.

Pourquoi?...

OURSIKA.

Imprudent!... si le général vous voyait... il vous mettrait à la porte de cette forteresse...

CHATEAU-MARGOT, *frappé.*

Ah! bah!... vous en êtes bien sûre?...

OURSIKA.

Ne suis-je pas la fiancée de son fils.

CHATEAU-MARGOT, *à part.*

Voilà mon affaire! (*Haut.*) Jeune caucasienne! tu es belle... tu es grande! tu es grasse! tu es copieuse, tu me fais l'effet d'un monument!

OURSIKA, *minaudant.*

Finissez... où je vais m'en aller....

CHATEAU-MARGOT.

T'en aller! au moment où je te retrouve... car voilà six mois que je te cherche, que je te suis, que je te poursuis... d'Anièriska à Nanterriska, de Nanterriska à Bougivaliska!...

OURSIKA.

Est-il possible?...

CHATEAU-MARGOT.

Où étais-tu, il y a six mois?

OURSIKA.

A Novogorod.

CHATEAU-MARGOT.

J'en arrive! j'ai vu la maison où tu es née... je me suis prosterné sur le seuil...

OURSIKA.

On en a fait une caserne de dragons.

CHATEAU-MARGOT, *à part.*

Hein?... (*Haut.*) Profanation! faire coucher des dragons dans un nid de fauvette!...

OURSIKA.

Il me prend pour une fauvette!...

CHATEAU-MARGOT, *regardant vers le fond, à droite.*

On vient!...

OURSIKA.

Mais, alors, dansons!... nous ne dansons pas!

CHATEAU-MARGOT, *à part.*

Du courage!... (*Haut.*) Oursika! échangeons nos âmes dans un baiser! le veux-tu?...

OURSIKA.

Non!

CHATEAU-MARGOT.

Oh! merci! merci! (*Il l'embrasse.*)

SCÈNE XI.

LES MÊMES, GIGOMIR, BABIOLE.

GIGOMIR ET BABIOLE, *apercevant Château-Margot.*

Ciel!...*

GIGOMIR.

Bravo!... ne vous gênez pas!...

CHATEAU-MARGOT, *à part.*

J'aurais préféré être pincé par le père... mais on lui fera part de la chose.**

BABIOLE, *pinçant Château-Margot.*

Que faisiez-vous là? monstre!

CHATEAU-MARGOT, *bas.*

Ne dis rien! je fais viser mon passeport!

GIGOMIR, *à Oursika.*

Mademoiselle de Ganachkine! permettez-moi de vous dire que votre conduite... est un peu épicée!

* Château-Margot, Oursika, Babiole, Gigomir.

** Babiole, Château-Margot, Oursika, Gigomir.

OURSIKA, *troublée.*

N'allez pas croire... nous répétions une figure de danse... la grenadina...

CHATEAU-MARGOT.

Non! soyons carrés! je l'aime! elle m'aime! nous nous aimons!

GIGOMIR, *avec joie.*

Est-ce vrai?...

OURSIKA.

Je ne sais... je suis tout étourdie...

GIGOMIR.

Mais ça me va! ça m'arrange! car de mon côté j'aime mademoiselle Y Fuentez!...

OURSIKA.

Comment!

BABIOLE, *bas à Château-Margot.*

Une frime! pour nous faire renvoyer!

CHATEAU-MARGOT.

Bon! même jeu!

OURSIKA, *à Gigomir.*

Ainsi, vous ne m'aimez plus?

GIGOMIR.

Excusez-moi... je vous trouve trop grosse.

OURSIKA.

Il suffit... colonel... je vous rends votre parole!

GIGOMIR, *se jetant à ses genoux.*

Oh! merci! jamais tu ne m'as paru plus belle!

SCÈNE XII.

LES MÊMES, CRÉTINOWITCH.*

CRÉTINOWITCH, *entrant par le fond à droite.*

A ses genoux! bravo! Gigomir!

GIGOMIR, *se relevant.*

Non! vous n'y êtes pas! c'est changé!

OURSIKA.

Nous avons à vous faire une communication importante...

CRÉTINOWITCH.

Plus tard! (*Les danseurs entrent et se groupent au fond.*) Voici les danseurs que j'ai convoqués pour le bal de vos fiançailles, la première danseuse, la perle de l'Andalousie, est là, dans ce pavillon.

GIGOMIR.

Mais papa!...

CRÉTINOWITCH.

Je n'écoute rien! plaçons nous! (*Aux danseurs.*) Et qu'on danse un peu bien! sinon le knout! crrr!!!

* Babiole, Château-Margot, Crétinowitch, Oursika, Gigomir.

OURSIKA, *bas, à Château-Margot.*
Demain, il fera jour !...

GIGOMIR, *mystérieusement à Babiole.*
Chut !... à minuit !... il fera nuit !

CHŒUR.

Air : ***Séguedille.***

Allons, perles de Castille
Dont l'œil pétille
Sous la mantille
Aux noirs réseaux.
Accourez, troupe gentille,
La guitarille
Déjà frétille
Ses chants nouveaux.
Venez, par votre entrain,
Fêter un doux hymen.

DANSES.

Fin du premier acte.

ACTE II.

Une salle dans le château de Cretinowitch. — Porte au fond. — Deux portes latérales de chaque côté. — Au fond quatre grands portraits de russes très-laids.

SCÈNE I.

CHATEAU-MARGOT, puis BABIOLE et ROSITA.

(Au lever du rideau, il fait nuit.)

CHATEAU-MARGOT, *en chantant la première partie de l'air suivant, va frapper aux deux portes des premiers plans.*

Air : ***J'entends sonner minuit.***

Dans ce vieux château fort
Tout repose et tout dort ;
Le jour est loin encor,
Profitons de la nuit,
Et sans bruit,
Sans bruit, filons un peu
De ce lieu.

(Les dames entrent, Babiole tient une bougie qu'elle place sur un guéridon. — Jour.)

CHATEAU-MARGOT.

Silence ! écoutez bien !

BABIOLE ET ROSITA, *qui écoutent.*

Rien !

CHATEAU-MARGOT.

Tout dort dans le donjon !

BABIOLE ET ROSITA.

Bon !

CHATEAU-MARGOT.

Nous sommes enfermés...

BABIOLE ET ROSITA.

Mais...

CHATEAU-MARGOT.

Sachons, sans nous trahir...

BABIOLE ET ROSITA.

Fuir !

ENSEMBLE. — REPRISE.

Dans ce vieux château, etc.

CHATEAU-MARGOT.

Chut ! mes enfants ! parlons bas et marchons peu... j'ai des souliers qui crient.

BABIOLE.

Pourquoi nous réveiller à trois heures du matin?

ROSITA.

Je dors debout !

CHATEAU-MARGOT.

Je suis poursuivi par une idée fixe...

BABIOLE.

Laquelle ?

CHATEAU-MARGOT.

Celle qui tourmente le serin dans sa cage... je voudrais m'en aller !

ROSITA.

Parbleu ! nous aussi ! Si c'est pour nous dire ça...

BABIOLE.

J'ai eu cette nuit un rayon d'espoir... *

CHATEAU-MARGOT.

Voyons ton rayon...

BABIOLE.

A minuit, le beau Gigomir est venu me chercher... pour me conduire devant un vieux monsieur sourd qui m'a parlé grec pendant cinq minutes...

* Château-Margot, Babiole, Rosita.

CHATEAU-MARGOT,

Qu'est-ce qu'il t'a dit?

BABIOLE.

Est-ce que je sais le grec?

CHATEAU-MARGOT.

Ce renseignement est précieux !

BABIOLE.

Après quoi, ce jeune moscovite m'a ramenée jusqu'à la porte de ma chambre en me disant : dans deux heures vous ne serez plus prisonnière...

CHATEAU-MARGOT.

Eh bien?

BABIOLE.

Je ne l'ai pas revu.

CHATEAU-MARGOT, *à Rosita qui s'endort debout.*

Ma fille asseyez-vous... * vous pourriez tomber, et ça ferait du bruit.

ROSITA.

Vous êtes bien bon.

BABIOLE, *à Château-Margot.*

Voyons ! et toi? as-tu une idée?

CHATEAU-MARGOT.

Vous allez voir ! (*Prenant une petite scie cachée sous son habit.*) Voilà mon idée !

BABIOLE ET ROSITA.

Une scie !

CHATEAU-MARGOT.

Que j'ai chipée à Krapouskine...

BABIOLE ET ROSITA.

Pourquoi faire?

CHATEAU-MARGOT.

Pour scier les barreaux de la fenêtre.

SCÈNE II.

CHATEAU-MARGOT, BABIOLE, OURSIKA, GIGOMIR.

GIGOMIR, *passant sa tête à la porte du fond, et tenant une chandelle allumée.*

Bien sûr, il y a des souris par là !

OURSIKA, *paraissant par la deuxième porte de gauche,*

Impossible de dormir ! (*Apercevant Château-Margot.*) Eh bien! que faites-vous là?

CHATEAU-MARGOT, *à part.*

Pincé !...** (*Rosita se sauve à droite, premier plan ; haut.*) Rien... un peu de musique !

GIGOMIR.

Avec une scie?

* Babiole, Château-Margot, Rosita.

** Babiole, Oursika, Château-Margot, Gigomir.

CHATEAU-MARGOT.

Ça?... c'est une guitare... en *si*... bémol !

BABIOLE.

Espagnole !

CHATEAU-MARGOT.

A une corde !

(Il se tourne vers Oursika et chante en s'accompagnant sur la scie comme avec une guitare.)

Gentille moscovite
Belle aux regards si... roux !...

OURSIKA, *enivrée.*

Ah ! que c'est doux ! que c'est doux !

(Gigomir voyant un flambeau allumé sur le guéridon, souffle sa chandelle et se met à la manger.)

CRÉTINOWITCH, *dans la coulisse.*

Est-ce qu'on ne va pas se taire par là ?

BABIOLE, *bas.*

V'lan ! tu as réveillé le papa !

GIGOMIR.

Ne craignez rien... nous avons formé un petit plan, moi et la Rose...*

OURSIKA.

Et sitôt que le général sera levé.

CRÉTINOWITCH.

Crrr !...

BABIOLE.

Je l'entends !

OURSIKA, *émue.*

Votre main, don Château-Margot.

GIGOMIR.

La vôtre, perle de Castille.

CHATEAU-MARGOT ET BABIOLE, *étonnés, et donnant leur main.*

Pourquoi faire?

GIGOMIR ET OURSIKA.

Vous allez voir !

SCÈNE III.

LES MÊMES, CRÉTINOWITCH.

CRÉTINOWITCH, *entrant en bonnet de coton, avec une fourrure en fontange.***

Quel est ce charivari qui m'a fait sortir de ma couche ?

GIGOMIR.

Papa, la circonstance est solennelle...

* Babiole, Gigomir, Oursika, Château-Margot.
** Babiole, Gigomir, Crétinowitch, Oursika, Château-Margot.

CRÉTINOWITCH, *au milieu, les regardant tous les quatre se tenant par la main, et placés comme pour une contredanse.*

Tiens! vous allez danser quelque chose?

GIGOMIR.

Non papa...

CRÉTINOWITCH.

Parle... enfant chéri de mon hymen!...

GIGOMIR.

Papa, voilà ce que c'est... la Rose de Novogorod et moi... sur le point de serrer des nœuds charmants, mais éternels... nous avons échangé hier un timide aveu... savoir...

CRÉTINOWITCH.

Que vous vous adorez... c'est connu!

GIGOMIR.

Du tout! que nous ne pouvons pas nous sentir...

CRÉTINOWITCH.

Tu ne peux pas sentir la Rose?

OURSIKA.

De son côté mon cœur est sourd et muet pour Gigomir! je lui trouve l'air godiche.

GIGOMIR.

Oui... elle a la bonté de me trouver l'air godiche.

CRÉTINOWITCH, *avec colère.*

Qu'entends-je!

GIGOMIR.

Mais, puisque vous tenez absolument à nous voir mariés,

Air : *Connaissez-vous dans Barcelonne.*

D'obéir, notre âme est jalouse!

OURSIKA.

Et je vous présente, en tremblant,
Moi, mon époux...

GIGOMIR, *présentant Babiole.*

Moi, mon épouse...
Papa, voici mon Andalouse!

OURSIKA, *présentant Château-Margot.*

Voilà mon tendre Castillan.

CRÉTINOWITCH *furieux.*

Nom d'un knout! mille Sibéries! (*Criant.*) Mon fils!... un Gigomir de Crétinowitch épouser une sauterelle... que diraient tes ancêtres dont voici les nobles portraits?

BABIOLE, *voyant les portraits.*

Oh! ces binettes!...

CHATEAU-MARGOT, *de même.*

En voilà des portraits caucases!...

* Gigomir, Babiole, Crétinowitch, Château-Margot, Oursika.

GIGOMIR, *regardant les portraits.*

Je ne serais pas fâché de modifier un peu cette race... *

CRÉTINOWITCH, *à part.*

Ce sont ces enfants de la brune Castille qui les ont entortillés ! (*Tout-à-coup à Château-Margot et à Babiole.*) Qu'est-ce que vous faites ici, intrigants ? qu'est-ce qui vous a priés de monter ? fichez-moi le camp !

BABIOLE.

Comment donc !

CHATEAU-MARGOT, *avec joie.*

Cordon, s'il-vous-plait !

KRAPOUSKINE, *entrant par le fond.*

Maître... une dépêche...

CRÉTINOWITCH.

Je reconnais le sceau... (*A Oursika.*) C'est votre père... (*Jetant les yeux sur la lettre et poussant un cri.*) Ah ! sacrebleu !

TOUS.

Qu'y a-t-il ? **

CRÉTINOWITCH, *criant.*

Fermez les portes !... que personne ne sorte !

BABIOLE, ET CHATEAU-MARGOT.

Hein ?

CRÉTINOWITCH, *lisant.*

« Ordre de garder à vue la troupe espagnole dans laquelle « se trouvent deux Français... »

BABIOLE.

Pristi !

CHATEAU-MARGOT.

Repincés !

GIGOMIR ET OURSIKA.

O bonheur !

CHATEAU-MARGOT.

Ce n'est pas moi !

BABIOLE.

Ni moi !

CRÉTINOWITCH.

Je le sais... nous avons causé espagnol... mais on les retrouvera !... Ce soir, l'inspecteur de police arrive de Pétersbourg...

BABIOLE, *à part.*

Le petit vieux à la tabatière !...

CHATEAU-MARGOT, *à part.*

Ça sent le knout !

CRÉTINOWITCH.

Mais, sapristi ! me voilà obligé de vous garder jusqu'à ce soir !

BABIOLE.

Oh ! si ça vous contrarie...

* Babiole, Château-Margot, Crétinowitch, Gigomir, Oursika.
** Château-Margot, Babiole, Crétinowitch, Gigomir, Oursika.

CRÉTINOWITCH.

Et vous allez continuer à entortiller ces candides enfants! (*Frappé d'une idée.*) Ah!...

TOUS.

Quoi donc?

CRÉTINOWITCH

Il me pousse une idée très-spirituelle... je vais réveiller mon mairiskoff.

OURSIKA.

Pour quoi faire?

CRÉTINOWITCH.

Pour qu'il vous marie avec Cigomir,* tout de suite, chaudement, sans respirer!

OURSIKA.

Je ne veux pas!

GIGOMIR.

Moi non plus!

CRÉTINOWITCH.

Après ça, s'il arrive du désagrément dans votre ménage... ça ne me regardera plus!... liberté! libertas!

GIGOMIR.

Papa... ce mariage est impossible!

CRÉTINOWITCH.

Silence!... je suis le maître! qu'on s'apprête avec joie... sinon!... crrr!... crrr!

ENSEMBLE.

CRÉTINOWITCH.

Air:

Vite et sans flâner, mon ordre est formel:
Vous allez marcher gaîment à l'autel!
Qu'on soit plein d'ardeur
Et la bouche en cœur;
Sinon, craignez ma fureur!

GIGOMIR ET OURSIKA.

Comment résister? son ordre est formel!
Nous allons, hélas! marcher à l'autel!
Pour mon triste cœur,
Amère douleur!
Ici-bas, plus de bonheur!

CHATEAU-MARGOT ET BABIOLE.

Un nouveau danger, quel ennui mortel!
Vient nous menacer dans ce vieux castel!
De cet inspecteur,
Oui, du fond du cœur,
Je redoute la fureur!

(Il entre, en grinçant, chez le mairiskoff, deuxième plan à droite.)

* Château-Margot, Babiole, Gigomir, Crétinowitch, Oursika.

SCÈNE IV.

CHATEAU-MARGOT, GIGOMIR, OURSIKA, BABIOLE.*

GIGOMIR.

Nous voilà gentils !

BABIOLE.

Eh bien ! et nous ?... vous n'avez pas fait sauter la tabatière, vous !

CHATEAU-MARGOT.

Ni crié : vive le Grand Turc !

GIGOMIR.

Quelle tabatière ?

OURSIKA.

Quel Grand-Turc ?

BABIOLE.

Il ne s'agit pas de ça... en me ramenant de chez le vieux qui m'a marmoté du grec...

GIGOMIR.

Chut ! ne parlez pas de ça !

BABIOLE.

Vous m'avez promis de me faire filer... filons !

GIGOMIR.

Impossible !... papa a changé le mot de passe et a refusé de me le dire... il se méfie !

OURSIKA.

Mais je le connais, moi ! **

TOUS.

Comment !

OURSIKA.

Pendant qu'il l'écrivait, j'ai regardé par-dessus son épaule...

CHATEAU-MARGOT.

Fabuleuse créature !... allons ! partons !

OURSIKA.

Y pensez-vous ? une jeune fille ne peut fuir qu'avec son mari...

CHATEAU-MARGOT.

Nous en reparlerons... au premier relai... en route !

OURSIKA.

Non ! non ! non !... le mariage d'abord !

BABIOLE, *à part.*

Elle y tient !

CHATEAU-MARGOT, *à part.*

Voilà un tic !

OURSIKA.

J'ai de l'amour... mais des principes !

* Babiole, Gigomir, Château-Margot, Oursika.
** Babiole, Gigomir, Oursika, Château-Margot.

CHATEAU-MARGOT.

Mais, folle enfant, puis qu'on fricasse votre mariage avec Gigomir.

OURSIKA, *avec élan.*

Fils du Cid ! as-tu du cœur ?

CHATEAU-MARGOT.

Quelquefois.

OURSIKA, *montrant Gigomir.*

Eh bien !... prends sa place !

CHATEAU-MARGOT.

De Gigomir ?

GIGOMIR.

Ça va !... blousons papa.

CHATEAU-MARGOT.

En espagnol... il me reconnaîtrait !...

OURSIKA.

Je ne suis qu'une timide jeune fille... mais peut-être qu'en prenant son bonnet...

(Elle lui donne le bonnet de Gigomir.)

GIGOMIR, *donnant sa houpelande à Château-Margot.*

Ma houpelande ! *

OURSIKA.

Et en éteignant la lumière...

CHATEAU-MARGOT, *à part.*

Fichtre ! mais elle est très rouée, la rose de Novogorod !... (*Il a mis la houpelande.*) Diable ! ça devient sérieux !

GIGOMIR, *le regardant.* **

Oh ! comme vous me ressemblez !...

CHATEAU-MARGOT, *bas.*

Dis donc, Babiole... qu'est-ce que tu dis de ça ?

BABIOLE, *bas.*

Tu n'as pas le consentement de tes parents... le mariage est nul...

CHATEAU-MARGOT, *à part.*

C'est juste !... une fois à la frontière, je la dépose au bureau des cannes ! (*Haut.*) Je suis prêt au sacrifice. ***

GIGOMIR, *croisant les bras.*

Ah ! je suis bien curieux de voir blouser papa !

CHATEAU-MARGOT.

Mais vous n'allez pas rester là, vous.

GIGOMIR.

Pourquoi ça ?

CHATEAU-MARGOT.

Dame ! si votre père voit deux Gigomir... il pensera peut-être qu'il y en a un de faux...

* Babiole, Gigomir, Château-Margot, Oursika.

** Babiole, Château-Margot, Gigomir, Oursika.

*** Babiole, Gigomir, Château-Margot, Oursika.

GIGOMIR.

Tiens ! c'est vrai !... il a raison !...

BABIOLE, *à part.*

Il est très-bête, mon Russe !

GIGOMIR.

Comme ça, il faut que je m'en aille ?

BABIOLE.

Naturellement.

GIGOMIR, *s'en allant.*

C'est ennuyeux... j'aurais voulu voir blouser papa... (*Il éternue.*) Tiens, je m'enrhume !

(Il rentre à gauche, deuxième plan.)

OURSIKA.

Voici le général !...

BABIOLE.

Vite ! la lumière !

(Elle éteint le flambeau, la scène devient obscure.)

SCÈNE V.

CRÉTINOWITCH, OURSIKA, CHATEAU-MARGOT, BABIOLE, puis ROSITA. *

CRÉTINOWITCH, *à la cantonnade.*

Je vous dis que vous radotez !... (*En scène.*) Ce mairiskoff devient idiot... il prétend qu'il a déjà marié quelqu'un cette nuit,.. c'est une illusion de son rhume... Qui diable a éteint la lumière ?

OURSIKA.

C'est le vent...

CRÉTINOWITCH.

Ah ! vous êtes là... (*Lui mettant sur la tête une couronne de fleurs d'oranger.*) Tenez !... campez-vous ça... et vivement !... Où est Gigomir ? **

CHATEAU-MARGOT, *déguisant sa voix.*

Voilà, papa !

CRÉTINOWITCH, *le palpant.*

Oui... je reconnais son nez... (*Avec solennité.*) Mes enfants... le moment est palpitant, et je regrette de n'avoir pas un bout de chandelle, pour vous adresser quelques paroles bien senties...

ROSITA, *entrant avec une lumière. La scène s'éclaire.* ***

Eh bien ! le barreau est-il scié ?

CRÉTINOWITCH.

Quel barreau !

CHATEAU-MARGOT.

Bigre ! (*Il se cache la figure.*)

* Crétinowicth, Oursika, Château-Margot, Bebiole, deuxième plan.
** Oursika, Crétinowitch, Château-Margot, Babiole, deuxième plan.
*** Oursika, Crétinovitch, Château-Margot, Babiole, Rosita.

OURSIKA.

Ciel !

BABIOLE, *à Rosita.*

Tais-toi donc !

(Elle souffle la bougie. — La scène redevient obscure.)

CRÉTINOWITCH.

Sapristi ! encore la nuit !

OURSIKA.

C'est le vent !

CRÉTINOWITCH, *à part, avec méfiance.*

Et l'autre qui a parlé de barreaux sciés... il y a quelque chose. (*A Oursika et à Château-Margot.*) Allez, mes enfants !... allez trouver le mairiskoff... je vous rejoins.

BABIOLE, *à part.*

Je demande à voir ce mariage-là !

CHATEAU-MARGOT.

Allons trouver le mairiskoff !..

CHŒUR.

Air de M. DOBIGNY-DERVAL.

Célébrons tous ce charmant mariage !
Chantons, chantons le bonheur des époux !
Puissent leurs jours s'écouler sans nuage,
Parmi les ris, les plaisirs les plus doux !

Château-Margot prend la main d'Oursika. — Ils entrent chez le mairiskoff suivis de Babiole. — Crétinowitch, en tâtonnant, trouve Rosita sous sa main.

SCÈNE VI.

CRÉTINOWITCH, ROSITA puis GIGOMIR. *

CRÉTINOWITCH.

Je vous tiens !... (*A part.*) Est-ce que mes prisonniers voudraient s'échapper ? Fichtre ! il y va de ma tête !

ROSITA.

Ne me touchez pas ! je suis armée ! **

CRÉTINOWITCH, *à part.*

Armé ! serait-ce le jeune français déguisé ? (*Haut.*) Jeune homme, la feinte est inutile...

ROSITA, *étonnée.*

Jeune homme !

CRÉTINOWITCH.

Vous vendez du vin de Champagne... 3 fr. 50 la bouteille, ne cherchez pas à le nier... je le lis dans vos yeux !

ROSITA, *à part.*

Il me prend pour Château-Margot.

* Rosita, Crétinowitch.

** Crétinowitch, Rosita.

CRÉTINOWITCH.

Vous êtes mon prisonnier... et dès que mon fils sera marié...

GIGOMIR, *entrant de la gauche, deuxième plan, flambeau allumé. — La scène s'éclaire. — Rosita se sauve à droite.**

Je voudrais bien savoir si papa est blousé...

Jour jusqu'à la fin.

CRÉTINOWITCH, *l'apercevant.*

Hein ! Gigomir !... dans cette chambre !

GIGOMIR, *gaîment.*

Oui, papa ! elle est bonne, hein !

CRÉTINOWITCH.

Mais qui diable marie-t-on par-là ? (*Il s'élance vers la chambre du mairiskoff.*) Arrêtez, mairiskoff, arrêtez... Il est sourd, Mairiskoff !

SCÈNE VII.

LES MÊMES, OURSIKA, CHATEAU-MARGOT, BABIOLE, puis KRAPOUSKINE et SOLDATS. **

(Château-Margot paraît en donnant la main à Oursika.)

OURSIKA.

Il est trop tard !

CRÉTINOWITCH, *les séparant.*

Lâchez les mains.***

BABIOLE.

Ils sont unis !

GIGOMIR.

Le mairiskoff a prononcé !

CRÉTINOWITCH.

Va te promener avec ton mairiskoff !... il est enrhumé... ça ne compte pas !

BABIOLE, *à elle-même.*

Vieux singe !...

GIGOMIR.

Je ne crois pas que le rhume soit un cas de nullité...

CRÉTINOWITCH.

C'est vrai ! tu as raison... **** mais il faut pourtant que tu épouses Oursika. Ganachkine y compte ! il y va de ma tête !

BABIOLE.

C'est très-facile !

CHATEAU-MARGOT.

Campez-nous tous à la porte !

CRÉTINOWITCH.

Elle n'en sera pas moins ta femme.

* Gigomir, Crétinowitch.

** Babiole, Gigomir, Crétinowitch, Oursika, Château-Margot.

*** Babiole, Gigomir, Oursika, Crétinowitch, Château-Margot.

**** Babiole, Gigomir, Crétinowitch, Oursika, Château-Margot.

OURSIKA, *avec amour.*

Toujours, toujours !

CRÉTINOWITCH, *riant.*

Hi ! hi ! hi !... il me vient une idée plaisante... mais atroce.

TOUS.

Voyons !

BABIOLE.

Il me fait frémir !...

CRÉTINOWITCH.

Suivez bien mon raisonnement... Pour qu'Oursika puisse se remarier, il faut qu'elle soit veuve...

CHATEAU-MARGOT, BABIOLE ET OURSIKA.

Hein ?

CRÉTINOWITCH.

Pour qu'elle soit veuve, il faut qu'elle n'ait plus de mari.

GIGOMIR, *approuvant.*

C'est très-fort !

CRÉTINOWITCH, *à Château-Margot.*

En conséquence, on va te pendre !

TOUS.

C'est horrible !

CHATEAU-MARGOT.

Moi ? par exemple ! je demande mes passeports !

OURSIKA.

Veuve ! après cinq minutes !...

GIGOMIR.

C'est trop tôt !... accordez-lui jusqu'à demain !

CRÉTINOWITCH.

Qu'on m'obéisse !... (*Appelant.*) Holà ! gardes !... Krapouskine

OURSIKA.

Grâce !

BABIOLE, *à part.*

Mon pauvre Château-Margot !

CRÉTINOWITCH, *à Krapouskine qui entre accompagné de quatre soldats.**

Emparez-vous de ce particulier, et qu'on le pende proprement !... c'est très-pressé !...

OURSIKA, *arrachant sa couronne de fleurs d'oranger, et la jetant à terre.*

Non ! qu'on m'accroche avec lui !... Ah !

(Elle s'évanouit sur un fauteuil.)

BABIOLE.

Ne le quittons pas !

Air *Anglais.*

CRÉTINOWITCH.

Qu'on l' pende à l'instant !
Le mairiskoff attend !

* Babiole, Crétinowitch, Oursika, Gigomir, Krapouskine, Château-Margot.

Qu'on soit diligent,
Car rien n'est plus urgent !

CHATEAU-MARGOT.

Me pendre à l'instant !
C'est vraiment révoltant !
Cet expédient
Est fort peu caressant !

BABIOLE, ROSITA ET OURSIKA.

Le pendre à l'instant !
Mais, c'est trop révoltant !
Ah ! soyez clément,
Soyez plus indulgent !

GIGOMIR.

Qu'on l' pende à l'instant !
Car à ce jugement,
Je ne vois, vraiment
Aucun inconvénient.

KRAPOUSKINE ET LES SOLDATS.

Venez à l'instant,
Le mairiskoff attend.
Ça s'ra fait viv'ment.
De nous, vous s'rez content.

(Pendant le chœur, Château-Margot se défend contre les gardes qui l'entraînent. — Babiole le suit.)

SCÈNE VIII.

CRÉTINOWITCH, GIGOMIR, OURSIKA.*

CRÉTINOWITCH, *regardant entraîner Château-Margot et se frottant les mains.*

Très-bien ! très-bien !... Maintenant, Gigomir, ton bras à la mariée...

GIGOMIR.

Elle se trouve mal !...

CRÉTINOWITCH.

Tape-lui dans les mains. (*Assistant Oursika.*) Cette pauvre enfant est d'une sensibilité dont rien n'approche... (*Lui tapant dans les mains.*) Voyons, pas d'enfantillage !... il n'y a pas de quoi fouetter une poule !

OURSIKA, *revenant à elle et se levant.*

Où est-il ?... où est-il ?**

CRÉTINOWITCH.

N'y pensez plus !... pensez à Gigomir, votre second.

* Gigomir, Oursika, Crétinowitch.
** Gigomir, Crétinowitch, Oursika.

OURSIKA.

Jamais ! jamais !

CRÉTINOWITCH, *qui a ramassé la couronne d'oranger.*

Tenez !... recampez-vous ça ! et vivement !... le mairiskoff va se rendormir...

GIGOMIR.

Papa, un simple mot !...

CRÉTINOWITCH.

Je n'écoute rien... tu me le diras après.

GIGOMIR.

Comme vous voudrez... mais je vous préviens que nous faisons de la bouillie pour les chats !...

CRÉTINOWITCH.

Il me plait d'en faire !...

OURSIKA.

Ah ! c'est comme ça ! Eh bien je vous déclare qu'une fois devant le mairiskoff, je dirai : Non ! non ! non !

GIGOMIR.

Moi aussi ! si ! si ! si !

CRÉTINOWITCH, *à part et d'un air malin.*

Ça m'est égal... il est sourd !... (*Haut.*) Gigomir, ton bras !... et mettons-y encore plus de solennité que la première fois !... si c'est possible !

CHŒUR.

(Même chœur que pour le premier mariage à la fin de la scène V.)

Célébrons tous ce charmant mariage, etc.

(Gigomir, Oursika et Crétinowitch entrent chez le mairiskoff.)

SCÈNE IX.

ROSITA, puis BABIOLE.

ROSITA, *entrant par la droite, premier plan, très-effrayée.*

Quel est tout ce bruit? qu'arrive-t-il ?

BABIOLE, *entrant par le fond.* *

Ah ! ma pauvre Rosita ! si tu savais ! ils l'ont traîné dans la tour du Nord !

ROSITA.

Château-Margot ?

BABIOLE.

Oui... pour le pendre !... et là on nous a séparés !

ROSITA.

Le pendre !... Ah ! mon Dieu !

BABIOLE.

Chut !... voilà un billet qu'il vient de me lancer...

ROSITA.

Un billet !...

* Babiole, Rosita.

BABIOLE, *lisant avec émotion.*

« Du haut de la tour du Nord.— Ma chère Babiole, on cloue « mon clou... il n'y a pas un instant à perdre... »

ROSITA.

C'est horrible !...

BABIOLE, *lisant.*

« Envoie-moi une pipe, du tabac et une bouteille de rhum « que j'ai cachée dans ta caisse à chapeau... au fond... à gauche, « et je te prie de dire à ma veuve que je ne pense pas du tout « à elle...

ROSITA, *prenant la lettre et continuant.*

« *Post-scriptum.* — Il serait pourtant à désirer que le flam- « beau de la civilisation penétrât chez les peuplades du Nord. »

BABIOLE, *finissant la lettre.*

« Mangez ma lettre. »

ROSITA.

Ah ! mais c'est affreux !...

BABIOLE.

Tu as entendu ?... la bouteille de rhum.

ROSITA.

Oui, dans ta caisse... je sais... *

BABIOLE.

Avec des petits biscuits. (*Rosita sort vivement à gauche. — Seule.*) Pauvre garçon ! il veut fumer une dernière pipe !... avec des petits biscuits !...

SCÈNE X.

BABIOLE, CRÉTINOWITCH GIGOMIR, OURSIKA, puis CHATEAU-MARGOT.**

CHŒUR.

Air : *Allons, amis...*

CRÉTINOWITCH.

Fêtons ces époux fortunés !
Puiss' l'hymen qui les lie
A la mère patrie
Donner pas mal de nouveaux-nés.

GIGOMIR OURSIKA ET BABIOLE.

Pleurons, / Pleurez, époux infortunés !
Car l'hymen qui nous / vous lie,
A l'amère patrie
Donnera peu de nouveaux-nés !

CRÉTINOWITCH.

Jeunes époux, c'est avec une profonde palpitation que je vais vous adresser quelques phrases émouvantes...

* Rosita, Babiole.
** Babiole, Gigomir, Crétinowitch, Oursika.

GIGOMIR, *l'interrompant.*

Papa, j'ai toujours mon petit mot à vous dire...

CRÉTINOWITCH.

Ah ! oui, je reprendrai la parole après ! Va.

GIGOMIR.

Connaissant votre entêtement de mulet...

CRÉTINOWITCH.

Hein ?

GIGOMIR.

Cette nuit je suis allé prendre en tapinois mademoiselle Y. Fuentes que voilà... *

BABIOLE.

C'est vrai !

CRÉTINOWITCH ET OURSIKA.

Eh bien ?

GIGOMIR.

Et je l'ai conduite chez le mairiskoff qui nous a mariés !

OURSIKA ET BABIOLE.

Mariés !..

CRÉTINOWITCH, *furieux.*

Est-il possible ! mon fils a deux femmes ! Imbécile ! pourquoi me dis-tu ça après ?

GIGOMIR.

Vous n'avez pas voulu que je le dise avant.

CHATEAU-MARGOT, *entrant vivement par le fond.* **

Babiole ! Babiole !

TOUS.

Château-Margot !

CRÉTINOWITCH, *stupéfait.*

Pas pendu !... ***

CHATEAU-MARGOT.

Non ! j'ai pochardé mes bourreaux !

OURSIKA, *avec joie.*

Il a pochardé... ah !

CRÉTINOWITCH.

Ah ! bien ! très-bien ! la Rose a deux maris à présent !... ah ! nous voilà propres.

GIGOMIR.

Quel mal voyez-vous à ça ?

CRÉTINOWITCH. ****

Malheureux ! tu te crois donc à Constantinople ?... nous n'y sommes pas !

GIGOMIR.

Je le sais bien !

* Gigomir, Babiole, Crétinowitch, Oursika.

** Gigomir, Crétinowitch, Babiole, Oursika.

*** Gigomir, Crétinowitch, Babiole, Château-Margot, Oursika.

**** Babiole, Gigomir, Crétinowitch, Oursika, Château-Margot.

CRÉTINOWITCH.

Moi, qui avais juré à son père de la préserver !... Gigomir, as-tu fait ton droit russe ?

GIGOMIR.

J'ai suivi un petit cours d'ukases.

CRÉTINOWITCH, *tirant de la poche de son gilet un petit livre microscopique.*

Tiens ! consulte nos cinq codes... vaste et complet monument de notre législation !

GIGOMIR, *à part.*

Il est maigrelet le monument ! (*Lisant.*) « Article 1er. Tous « les russes sont inégaux devant la loi !... »

CHATEAU-MARGOT.

Mais ils sont égaux devant le knout !

CRÉTINOWITCH.

Ce n'est pas ça !... Plus loin !

GIGOMIR, *lisant.*

« La vérité est obligatoire pour tous... les bulletins de l'ar- « mée sont seuls exceptés.... »

CRÉTINOWITCH, *arrachant le livre.*

Mais non !... donne donc !... tiens ! voilà notre affaire... « Article 12, » c'est l'avant-dernier : (*Lisant.*) « Tous les sujets « de l'empire orthodoxe soit mâles, soit femelles... ou tous « autres... convaincus de bigamie... et leurs complices, seront « immédiatement transportés en Sibérie. »

TOUS, *grelotant.*

Brrr !... brrr...

CHATEAU-MARGOT.

Elle est fraîche votre loi !

OURSIKA.

L'amour n'est-il pas de tous les climats !...

CRÉTINOWICTH, *accablé.*

Mes enfants, c'est écrit... le texte est formel... allons-y chaudement !...

GIGOMIR.

Ce n'est pas drôle !

CRÉTINOWITCH, *à Gigomir.*

Vite ! prends tes deux femmes... (*A Oursika.*) Toi, tes deux maris... et emportons nos cache-nez !

CHATEAU-MARGOT, *se dégageant d'Oursika.*

Un instant, nous n'en sommes pas... la loi ne parle que des sujets russes...

BABIOLE.

Mais certainement !

CRÉTINOWITCH, *inspiré.*

Sapristi ! tu m'inspires une motion spirituelle !... Que ceux qui tiennent à rester russes, lèvent la main !...

(Silence. — Tous mettent les mains derrière leur dos.)

Compris !... Alors, levons le pied !

GIGOMIR.

Et donnons notre démission.

CRÉTINOWITCH.

Motivée !...

CHATEAU-MARGOT ET BABIOLE.

Bravo ! les boyards !

CRÉTINOWITCH, *avec force.*

Considérant que ce gueux de pays !...

GIGOMIR.

Papa, de la prudence !

CRÉTINOWITCH.

Oui... (*D'une voix très-douce.*) Considerant que ce gueux-gueux de pays est le centre de la civilisation... et que le cuir fleurit sous son ciel toujours d'azur...

OURSIKA.

Considérant qu'il est plein de bons procédés pour ses petits voisins... et qu'il enlève tous les suffrages par l'aimable candeur de sa diplomatie...

GIGOMIR.

Considérant qu'on est fier d'être Russe... quand on regarde la Siberie !

CRÉTINOWITCH.

Par ces motifs, déclarons être heureux de la lâcher d'un cran, raide comme balle, et dardar !

CHATEAU-MARGOT.

En route !

BABIOLE.

Nous sommes en retard !

CRÉTINOWITCH.

Un instant !... en ma qualité de gouverneur, je vais nous délivrer des passe-ports espagnols : Don Crétinos...

GIGOMIR.

Don Gigomirez...

OURSIKA.

Dona Oursikinas of Ganachkinas !

CRÉTINOWITCH, *à Château-Margot.*

Réunissez votre troupe... nous vous rejoignons sous les grands maronniers...

TOUS.

Partons !

CRÉTINOWITCH, *à Gigomir et à Oursika.*

Quant à nous, mes enfants, avant de quitter ces steppes embaumées, ne serait-il pas convenable de leur adresser quelques alexandrins bien sentis ?

GIGOMIR, *avec indifférence.*

Peuh ! allons !

CRÉTINOWITCH.

Air *de la Lucie.*

Adieu donc, tendre Moscovie !

OURSIKA.
Bords enchantés, séjour piquant !

TOUS.
Nous fichons l' camp !

GIGOMIR.
Bien des choses à ta Sibérie !
Nos amitiés à tes glaçons !

TOUS.
A tes Lapons !

CRÉTINOWITCH.
Vois le regret peint sur nos mines.

GIGOMIR.
Entends le cri de nos platines !

TOUS.
Z'ut ! z'ut !...

ENSEMBLE.

Doux pays de la bastonnade,
Terre du knout, adieu, bonsoir !
Pardonne notre escapade,
Reçois notre sérénade :
Au plaisir de n' pas te revoir !
Bonsoir ! au plaisir de n' pas te revoir !

(Le dernier vers se chante sur la fin de l'air : *J'ai du bon tabac.*)

Crétinowitch, Oursika et Gigomir sortent par la gauche. Babiole et Château-Margot par la droite. — La musique continue. — Le théâtre change et représente le jardin du château.

TABLEAU ET DANSES.

FIN.

NOTA : Dans les théâtres des départements où l'on jouera la pièce sans ballet, le premier acte se terminera ainsi qu'il suit.

Après la réplique : Nous avons à vous faire une communication importante...

CRÉTINOWITCH.

Plus tard ! les danseurs nous attendent en bas, sur le gazon, pour le bal de vos fiançailles...

GIGOMIR.

Mais papa...

CRÉTINOWITCH.

Je n'écoute rien !... allons-y ! et qu'ils dansent un peu bien !... sinon... le knout ! crrr ! (*Il remonte.*)

OURSIKA, *bas à Château-Margot.*

Demain... il fera jour !

GIGOMIR, *mystérieusement à Babiole.*

A minuit... il fera nuit !

CHŒUR.

Allons, perles de Castille, etc.

(Il se dirigent vers le fond. — Le rideau tombe.)

Au deuxième acte, la pièce finit avant le changement à vue.

Clermont (Oise). — Imp. A. DAIX, rue de Condé, 58.

CATALOGUE

DE

MICHEL LÉVY F^RÈRES

LIBRAIRES-ÉDITEURS

PARIS

RUE VIVIENNE, 2 BIS.

JUIN 1854

Nouveaux Ouvrages en vente.

	fr. c.
LE COMTE O. D'HAUSSONVILLE.	
HISTOIRE DE LA RÉUNION DE LA LORRAINE A LA FRANCE, avec des notes, pièces justificatives, dépêches et documents historiques entièrement inédits. 1 vol. in-8°	7 50
EUGÈNE FORCADE.	
HISTOIRE DES CAUSES DE LA GUERRE D'ORIENT, d'après des documents inédits français et anglais. 1 vol. gr. in-18	3 «
OCTAVE FEUILLET.	
SCÈNES ET COMÉDIES, 1 vol. gr. in-18	3 »
DE STENDHAL (H. BEYLE).	
RACINE ET SHAKSPEARE, 1 vol. gra. in-18	3 »
MÉMOIRES D'UN TOURISTE, 2 v. gr. in-18	6 »
MÉRY.	
LES NUITS D'ORIENT, 1 vol. gr. in-18	3 »
J. AUTRAN.	
LABOUREURS ET SOLDATS, 1 vol. grand in-18	3 »
LE MARQUIS DE SAINTE-AULAIRE.	
LES DERNIERS VALOIS, LES GUISE et HENRI IV, 1 vol. gr. in-18	3 »
ALPHONSE KARR.	
LETTRES ÉCRITES DE MON JARDIN, 1 vol. gr. in-18	3 »
AGATHE ET CÉCILE, 1 v. gr. in-18	3 »
LES FEMMES, (2e éd.) 1 v. gr. in-18	3 »
A. DE PONTMARTIN.	
CAUSERIES LITTÉRAIRES, 1 vol. grand in-18	3 »
PAUL DE MOLÈNES.	
AVENTURES DU TEMPS PASSÉ, 1 vol. gr. in-18	3 »
ALEXANDRE DUMAS.	
ANGE PITOU, 2 vol. grand in-18	4 »
JULES SANDEAU.	
OLIVIER, un joli vol. grand in-32	1 »
LE CHATEAU DE MONTSABREY, 1 joli vol. grand in-32	1 »
CUVILLIER-FLEURY.	
VOYAGES ET VOYAGEURS, 1 vol. grand in-18	3 »
ÉTUDES HISTORIQUES ET LITTÉRAIRES, 2 vol. grand in-18	6 »
THÉODORE DE BANVILLE.	
LES PAUVRES SALTIMBANQUES, 1 joli vol. gr. in-32	1 »
CLÉMENT CARAGUEL.	fr. c.
LES SOIRÉES DE TAVERNY, 1 v. gr. in-18	3
H. BLAZE DE BURY.	
SOUVENIRS ET RÉCITS DES CAMPAGNES D'AUTRICHE, 1 vol. gr. in-18	3
ALEXANDRE DUMAS FILS.	
LA VIE A VINGT ANS, 1 v. gr. in-18	3
CE QUE L'ON VOIT TOUS LES JOURS, 1 joli vol. gr. in-32	1
ÉMILE SOUVESTRE.	
HISTOIRES D'AUTREFOIS, 1 vol. grand in-18	2
HENRY MURGER.	
LE ROMAN DE TOUTES LES FEMMES, 1 vol. in-32	1
BALLADES ET FANTAISIES, 1 vol. in 32	1
SCÈNES DE CAMPAGNE. 1 vol. gr. in-18	3
HENRI CONSCIENCE.	
SCÈNES DE LA VIE FLAMANDE, 1 vol. gr. in-18	3
PROSPER MÉRIMÉE.	
LES DEUX HÉRITAGES, 1 vol. gr. in-18	3
CHARLES DE BERNARD.	
UN BEAU-PÈRE, 1 vol. gr. in-18	3
Mme EMILE DE GIRARDIN.	
M. LE MARQUIS DE PONTANGES, 1 vol. gr. in-18	3
LE VICOMTE DE LAUNAY, 1 vol. gr. in-18	3
THÉOPHILE GAUTIER.	
CONSTANTINOPLE, 1 v. gr. in-18	3
LOUIS REYBAUD.	
MOEURS ET PORTRAITS DU TEMPS, 2 vol.	6 »
LA VIE A REBOURS 1 v. gr. in-18	3 »
ÉMILE AUGIER.	
POÉSIES COMPLÈTES, 1 v. g. in-18	3
LE GENDRE DE M. POIRIER, comédie en 4 actes et en prose	2 »
F. PONSARD.	
L'HONNEUR ET L'ARGENT, com. en 5 actes et en vers, 1 v. g. in-18	2 »
ÉTUDES ANTIQUES, 1 v. gr. in-18	3 »
E. TEXIER.	
CONTES ET VOYAGES, 1 v. g. in-18	3 »

Bibliothèque contemporaine.

PREMIÈRE SÉRIE.

FORMAT IN-18 ANGLAIS, À 2 FRANCS LE VOLUME.

ALEXANDRE DUMAS.

LE VICOMTE DE BRAGELONNE...... 6 vol.
MÉMOIRES D'UN MÉDECIN (*Joseph Balsamo*)...................... 5
LES QUARANTE-CINQ............... 5
LE COMTE DE MONTE-CRISTO......... 6
LE CAPITAINE PAUL................ 1
LE CHEVALIER D'HARMENTAL....... 2
LES TROIS MOUSQUETAIRES........ 2
VINGT ANS APRÈS, suite des Trois Mousquetaires................. 3
LA REINE MARGOT............... 2
LA DAME DE MONSOREAU.......... 3
JACQUES ORTIS.................. 1
LE CHEVALIER DE MAISON-ROUGE... 1
GEORGES....................... 1
FERNANDE...................... 1
PAULINE ET PASCAL BRUNO........ 1
SOUVENIRS D'ANTONY............ 1
SYLVANDIRE.................... 1
LE MAÎTRE D'ARMES 1
UNE FILLE DU RÉGENT............ 1
LA GUERRE DES FEMMES.......... 2
ISABEL DE BAVIÈRE.............. 2
AMAURY....................... 1
CÉCILE 1
LES FRÈRES CORSES.............. 1
IMPRESSIONS DE VOYAGE :
SUISSE...................... 3
LE CORRICOLO................ 2
MIDI DE LA FRANCE........... 2
UNE ANNÉE A FLORENCE........ 1
LA VILLA PALMIÉRI........... 1
LE BATARD DE MAULÉON.......... 2
LES DEUX DIANE................ 3
ASCANIO...................... 2
ACTÉ......................... 1
GAULE ET FRANCE.............. 1
LE COLLIER DE LA REINE........ 3
ANGE PITOU................... 2

ÉMILE DE GIRARDIN.

ÉTUDES POLITIQUES (*nouvelle édit.*). 1
QUESTIONS ADMINISTRATIVES ET FINANCIÈRES........................ 1
LE POUR ET LE CONTRE.......... 1
LE DROIT AU TRAVAIL AU LUXEMBOURG ET A L'ASSEMBLÉE NATIONALE, avec une Introduction.... 2
BON SENS, BONNE FOI............ 1

ALBERT AUBERT.

LES ILLUSIONS DE JEUNESSE DU CÉLÈBRE M. BOUDIN............... 1

LOUIS REYBAUD.

JÉROME PATUROT à la recherche de la meilleure des Républiques.. . 4 vol.

GABRIEL RICHARD.

VOYAGE AUTOUR DE MA MAÎTRESSE.. 1

F. LAMENNAIS.

DE LA SOCIÉTÉ PREMIÈRE. 1

EUGÈNE SUE.

LES SEPT PÉCHÉS CAPITAUX....... 6
L'ORGUEIL.................. 2
L'ENVIE. — LA COLÈRE......... 2
LA LUXURE. — LA PARESSE.... 1
L'AVARICE. — LA GOURMANDISE. 1

BABAUD-LARIBIÈRE.

HISTOIRE DE L'ASSEMBLÉE NATIONALE CONSTITUANTE.................. 2

ÉMILE SOUVESTRE.

UN PHILOSOPHE SOUS LES TOITS... 1
CONFESSIONS D'UN OUVRIER....... 1
LES DERNIERS PAYSANS........... 2
SCÈNES DE LA CHOUANNERIE...... 1
CHRONIQUES DE LA MER........... 1
DANS LA PRAIRIE................ 1
LES CLAIRIÈRES 1
SCÈNES DE LA VIE INTIME......... 1
SOUS LES FILETS 1
EN QUARANTAINE................ 1
LE FOYER BRETON............... 2
HISTOIRE D'AUTREFOIS............ 1
LES DERNIERS BRETONS........... 2
NOUVELLES ET ROMANS (*sous presse*). 1

PAUL FÉVAL.

LE FILS DU DIABLE............. 4
LES MYSTÈRES DE LONDRES........ 5
LES AMOURS DE PARIS........... 2

Bibliothèque contemporaine.

2e SÉRIE.—FORMAT IN-18 ANGLAIS A 3 FRANCS LE VOLUME.

LAMARTINE.

TOUSSAINT LOUVERTURE.......... 1 vol.
TROIS MOIS AU POUVOIR.......... 1
GENEVIÈVE, 3e édition. 1
CONFIDENCES (*sous presse*)........ 1

F. PONSARD.

THÉATRE COMPLET (2e édit.)...... 1
ÉTUDES ANTIQUES................. 1

ÉMILE AUGIER.

POÉSIES COMPLÈTES............... 1

JULES JANIN.

HIST. DE LA LITTÉRATURE DRAMATIQUE. 2

DE STENDHAL (H. BEYLE).

DE L'AMOUR, seule édition complète. 1
PROMENADES DANS ROME, nouv. édit. avec fragments inédits. 2
LA CHARTREUSE DE PARME........ 1
LE ROUGE ET LE NOIR.......... 1
ROMANS ET NOUVELLES.......... 1
HISTOIRE DE LA PEINTURE EN ITALIE. 1
VIE DE ROSSINI 1
RACINE ET SHAKSPEARE.......... 1
MÉMOIRES D'UN TOURISTE......... 2
CORRESPONDANCE INÉDITE (*s. presse*) 2

CHARLES DE BERNARD.

LE NŒUD GORDIEN, nouvelle édition. 1
GERFAUT, nouv. édit. 1
LE PARAVENT — 1
LES AILES D'ICARE 1
L'ÉCUEIL.................. 1
LA PEAU DU LION et LA CHASSE AUX AMANTS.................. 1
UN HOMME SÉRIEUX........... 1
UN BEAU-PÈRE 1

HENRI CONSCIENCE.

Traduction de M. LÉON WOCQUIER.

SCÈNES DE LA VIE FLAMANDE........ 2
VEILLÉES FLAMANDES (*s. presse*) 2
LA GUERRE DES PAYSANS (») 1

Mme CHARLES REYBAUD.

ESPAGNOLES ET FRANÇAISES (*s. p.*). 1
LE CHATEAU DE SAINT-GERMAIN (»). 1
SCÈNES DE LA VIE DES ANTILLES (»). 1

HENRY MURGER.

SCÈNES DE LA VIE DE BOHÊME. ... 1
SCÈNES DE LA VIE DE JEUNESSE. ... 1
LE PAYS LATIN................ 1
SCÈNES DE CAMPAGNE 1
SCÈNES DE LA VIE DE THÉATRE (*sous presse*). 1

O. D'HAUSSONVILLE.

HISTOIRE DE LA POLITIQUE EXTÉRIEURE DU GOUVERNEMENT FRANÇAIS, 1830-1848........... 2

Mme ÉMILE DE GIRARDIN.

MARGUERITE OU DEUX AMOURS. ... 1
NOUVELLES. (Le Lorgnon, etc.).... 1
LE VICOMTE DE LAUNAY. 1
LE MARQUIS DE PONTANGES......... 1

THEODORE PAVIE.

SCÈNES ET RÉCITS DES PAYS D'OUTRE-MER...................... 1
ÉTUDES ET VOYAGES (*sous presse*). 1

EUGENE FORCADE.

ÉTUDES HISTORIQUES........... 1
HISTOIRE DES CAUSES DE LA GUERRE D'ORIENT................. 1

P. MÉRIMÉE.

NOUVELLES 1
ÉPISODE DE L'HISTOIRE DE RUSSIE 1
LES DEUX HÉRITAGES 1
ÉTUDES SUR L'HISTOIRE ROMAINE. 1
MÉLANGES HISTORIQUES ET LITTÉRAIRES, (*sous presse*)......... 1

THEOPHILE GAUTIER.

LES GROTESQUES................ 1
CONSTANTINOPLE............... 1
EN GRÈCE ET EN AFRIQUE (*s. presse*). 1

AUGUSTE MAQUET.

NOUVELLES (*sous presse*)........ 1

MÉRY.

LES NUITS ANGLAISES 1
LES NUITS ITALIENNES. 1
LES NUITS D'ORIENT............ 1

ALPHONSE KARR.

RAOUL DESLOGES................ 1
AGATHE ET CÉCILE.............. 1
LES FEMMES 1
LES SOIRÉES DE SAINTE-ADRESSE 1
LETTRES ÉCRITES DE MON JARDIN. 1
AU BORD DE LA MER (*sous presse*).. 1
VOYAGE EN DEHORS DE MON JARDIN (*sous presse*). 1

JULES SANDEAU.

CATHERINE.................... 1
NOUVELLES.................... 1
SACS ET PARCHEMINS............. 1
UN HÉRITAGE.................. 1

CHARLES REYNAUD.

D'ATHÈNES A BAALBEK.......... 1
ÉPITRES, CONTES ET PASTORALES. 1
ŒUVRES INÉDITES.............. 1

LEON GOZLAN.

HISTOIRE DE 130 FEMMES........ 1
LES VENDANGES................ 1
NOUVELLES (*sous presse*)......... 1

H. BERLIOZ.

LES SOIRÉES DE L'ORCHESTRE..... 1

Bibliothèque contemporaine.

2e SÉRIE. — FORMAT IN-18 ANGLAIS A 3 FRANCS LE VOLUME.

OCTAVE FEUILLET.

SCÈNES ET PROVERBES 1
BELLAH. 1
SCÈNES ET COMÉDIES 1

LE PRINCE A. DE BROGLIE.

ÉTUDES MORALES ET LITTÉRAIRES. 1

EDMOND TEXIER.

CRITIQUES ET RÉCITS LITTÉRAIRES. . 1
CONTES ET VOYAGES. 1

FEUILLET DE CONCHES.

LÉOPOLD ROBERT, sa vie, ses œuvres et sa correspondance. Nouv. édit. 1

ALEXANDRE DUMAS FILS.

LA DAME AUX CAMÉLIAS (4e édition). 1
CONTES ET NOUVELLES. 1
LA VIE A VINGT ANS. 1
ANTONINE. 1
AVENTURES DE 4 FEMMES (*s. presse*) 1

FÉLICIEN MALLEFILLE.

LE COLLIER — nouvelles. 1

LOUIS-PHILIPPE D'ORLÉANS,
ex-roi des Français.

MON JOURNAL. ÉVÉNEMENTS DE 1815. 2

CH. DE MAZADE.

L'ESPAGNE MODERNE (*sous presse*). . 1

J. AUTRAN.

LABOUREURS ET SOLDATS 1

CHAMPFLEURY.

LES EXCENTRIQUES. 1
CONTES VIEUX ET NOUVEAUX 1

LOUIS REYBAUD.

MOEURS ET PORTRAITS DU TEMPS. . . 2
ETUDES SUR LES RÉFORMATEURS SOCIALISTES. 2
JÉROME PATUROT à la recherche d'une position sociale. 1
ROMANS. 1
NOUVELLES. 1
LA COMTESSE DE MAULÉON 1
LA VIE A REBOURS 1
MARINES ET VOYAGES (*sous presse*). 1

LE MARQUIS DE SAINT-AULAIRE.

LES DERNIERS VALOIS, LES GUISES ET HENRI IV, 1 vol. grandin-18. 3

JOHN LEMOINNE.

ÉTUDES CRITIQUES ET BIOGRAPHIQUES. 1

EUGENE CORDIER.

LE LIVRE D'ULRICH. 1

CLÉMENT CARAGUEL.

LES SOIRÉES DE TAVERNY. 1

A. DE PONTMARTIN.

CONTES ET NOUVELLES. 1
CAUSERIES LITTÉRAIRES. 1
LE FOND DE LA COUPE (*s. presse*). . 1

ARNOULD FRÉMY.

JOURNAL D'UNE JEUNE FILLE 1

L. VITET,
de l'Académie française.

LES ÉTATS D'ORLÉANS, scènes historiques. 1

AMÉDÉE ACHARD.

LES CHATEAUX EN ESPAGNE. 1

GUSTAVE PLANCHE

PORTRAITS D'ARTISTES. Peintres et sculpteurs. 2
ÉTUDES SUR L'ÉCOLE FRANÇAISE (*sous presse*) 2

CUVILLIER FLEURY.

PORTRAITS POLITIQUES ET RÉVOLUTIONNAIRES (2me édition). . . . 2
ÉTUDES HISTORIQUES ET LITTÉRAIRES 2
VOYAGES ET VOYAGEURS. 1

LOUIS RATISBONNE.

L'ENFER DU DANTE, trad. en vers, texte en regard. 1

PAUL DE MOLÈNES.

CARACTÈRES ET RÉCITS DU TEMPS. . .
AVENTURES DU TEMPS PASSÉ 1
HISTOIRES SENTIMENTALES ET MILITAIRES (*s. presse*). 1

F. DE GROISEILLIEZ.

HISTOIRE DE LA CHUTE DE L.-PHILIPPE. 1

PAUL DELTUF.

CONTES ROMANESQUES. 1
RÉCITS DRAMATIQUES. 1

EMILE THOMAS.

HISTOIRE DES ATELIERS NATIONAUX. 1

HENRI BLAZE.

ÉCRIVAINS ET POÈTES DE L'ALLEMAGNE 1
SOUVENIRS ET RÉCITS DES CAMPAGNES D'AUTRICHE. 1
ÉPISODE DE L'HISTOIRE DU HANOVRE (*sous presse*) 1

CH. LIADIÈRES.

ŒUVRES LITTÉRAIRES. 1

Ouvrages divers.

LAMARTINE.

GENEVIÈVE, 1 vol. in-8°. . . . . 5 »
NOUVELLES CONFIDENCES, 1 v. in-8°. 5 »
TOUSSAINT LOUVERTURE, 1 v. in-8°. 5 »

JULES JANIN.

LE CHEMIN DE TRAVERSE, 1 vol. in-8 3 50
LA RELIGIEUSE DE TOULOUSE, 2 vol. in-8.............. 12 »
LES GAITÉS CHAMPÊTRES, 2 v. in-8. 12 »
LA VIE LITTÉRAIRE (*sous presse*), 2 vol. in-8.............. 12 »

O. D'HAUSSONVILLE,

ancien député.

HISTOIRE DE LA POLITIQUE EXTÉRIEURE DU GOUVERNEMENT FRANÇAIS : 1830-1848, avec documents, notes, pièces justificativ., entièrement inédits, 2 vol. in-8°. 12 »
HISTOIRE DE LA RÉUNION DE LA LORRAINE A LA FRANCE, avec des notes pièces justificatives, dépêches et documents historiques entièrement inédits...... 2 vol. in-8°. 15 »

L. DE LOMENIE.

BEAUMARCHAIS, sa Vie, ses Ecrits et son Temps, études sur la Société au 18e siècle (*s. presse*). 2 vol. in-8°.................... 15 »

FERDINAND BERTHIER (sourd-muet).

L'ABBÉ DE L'ÉPÉE, sa vie, son apostolat, ses travaux, sa lutte et ses succès. 1 beau vol. in-8° avec 3 gravures. 6 »
SUR L'OPINION DE FEU LE DOCTEUR ITARD, in-8°.................. 2 »

CHARLES MAGNIN.

HISTOIRE DES MARIONNETTES D'EUROPE, depuis l'antiquité jusqu'à nos jours, 1 beau vol. gr. in-8°. 6 »

HENRI BLAZE.

LA NUIT DE WALPURGIS, comédie politique, 1 vol. in-18 anglais. . . 3 »

LE COMTE DE MONTALIVET.

LE ROI LOUIS-PHILIPPE (Liste Civile). Nouvelle édition entièrement revue et considérablement augmentée de notes, pièces justificatives et documents inédits, avec un portrait et un fac-simile du Roi, et un plan du château de Neuilly. 1 vol. in-8°. . . . . 6 »

GUSTAVE LEVAVASSEUR.

FARCES ET MORALITÉS, 1 vol. in-18. 2 »
POÉSIES FUGITIVES 1 vol. in-18. . . 3 »

LE VTE JULES DE FRANCHEVILLE.

FOI ET PATRIE, poëmes, 1 v. gr. in-18 3 »

GUSTAVE PLANCHE.

PORTRAITS LITTÉRAIRES, 2 v. in-8°. 7 »

L. DE GAILLARD.

LETTRES POLITIQUES SUR LA SUISSE, 1 vol. in-8°.............. 3 »

J. AUTRAN.

POËMES DE LA MER, 1 vol. gr. in-8. 6 »

A. ASSELINE.

LE CŒUR ET L'ESTOMAC, 1 joli vol. grand in-32. . . . . 1 50

ALPHONSE JOBEZ.

LA FEMME ET L'ENFANT, OU MISÈRE ENTRAINE OPPRESSION, 1 beau vol. in-8°.................. 5 »

LE PRINCE DE LA MOSKOWA.

DES RÉGENCES EN FRANCE, gr. in-8°. »

E.V. ARNAULT,

de l'Académie française.

FABLES, 2 vol. in-18. . . . . . 4 »

L. ET M. ESCUDIER.

DICTIONNAIRE DE MUSIQUE THÉORIQUE ET HISTORIQUE, avec une préface par F. Halévy. 2 beaux volumes gr. in-18............ 7 »

THÉODORE DE BANVILLE.

LES STALACTITES, poésies, 1 v. in-8 4 »

ONEDDY VITREUIL.

LE PAYS BREDA, 1 vol. gr. in-18. . 2 »

CH. WORDSWORTH.

DE L'ÉGLISE ET DE L'INSTRUCTION PUBLIQUE EN FRANCE, 1 vol. in-8°. 5 »

ALEXIS BLONDEL.

L'INIMITABLE FALAMBELLE, 1 vol. grand in-18................ 3 »

F. BÉCHARD.

DE LA FAMILLE, 1 vol. 1 50

A. DE LONGPÉRIER.

TROIS PROVERBES, 1 vol. in-8°. . . 2 »

CASTIL-BLAZE.

DE L'OPÉRA EN FRANCE, 2 vol. in-8°. 4 »

ÉDOUARD PRAROND.

ÉTUDES SUR SHAKESPEARE, 1 vol. 2 »
DIX MOIS DE RÉVOLUTION, 1 v. in-32. 2 75
gr. in-18. . . . . 2 »
CONTES, 1 vol. in-8°.......... 1 »
UNE RÉVOLUTION CHEZ LES MACAQUES, 1 vol. in-18........... 1 »

ÉTIENNE EGGIS.

VOYAGES AU PAYS DU CŒUR, 1 vol. gr. in-18. . . . . 2 »

BIBLIOTHÈQUE DES VOYAGEURS

Jolis volumes format in-32.

CHAQUE VOLUME : 1 FRANC

EN VENTE :

HENRY MURGER

PROPOS DE VILLE et PROPOS DE THÉATRE. . . . . 1 vol.
LE ROMAN DE TOUTES LES FEMMES. 1
BALLADES ET FANTAISIES. 1

F. PONSARD

HOMÈRE, poème. 1

MÉRY.

ANGLAIS ET CHINOIS. 1

A. DE LAMARTINE.

GRAZIELLA. 1
LES VISIONS. 1

JULES SANDEAU

LE JOUR SANS LENDEMAIN. 1
LE CHATEAU DE MONTSABREY. 1
OLIVIER. 1

THÉODORE DE BANVILLE

LES PAUVRES SALTIMBANQUES. . . . 1

ALEXANDRE DUMAS FILS

CE QUE L'ON VOIT TOUS LES JOURS. 1

CHARLES DESMAZE.

MAURICE QUENTIN DE LA TOUR. . 1

SOUS PRESSE :

PROSPER MÉRIMÉE

ARSÈNE GUILLOT. 1

EMILE AUGIER

LES PARIÉTAIRES, POÉSIES. 1

THÉOPHILE GAUTIER

SCARRON. 1

A. DE PONTMARTIN

L'ENSEIGNEMENT MUTUEL. 1

Mme ÉMILE DE GIRARDIN

IL NE FAUT PAS JOUER AVEC LA DOULEUR. 1

ADOLPHE GAIFFE.

HISTORIETTES GALANTES. 1

LEON GOZLAN

LA TERRE PROMISE. 1

ALPHONSE KARR

BERNARD ET MOUTON. 1

PAUL DE MOLENES

LA COMÉDIENNE. 1

Pièces de théâtre diverses.

Belle édition, format in-18 anglais.

F. PONSARD.

LUCRÈCE, trag. en 5 actes, en vers. 1 50
AGNÈS DE MÉRANIE, tragédie en 5 actes, en vers. 1 50
CHARLOTTE CORDAY, tragédie en 5 actes, en vers. 1 50
HORACE ET LYDIE, comédie en 1 acte, en vers. 1 »
ULYSSE, tragédie en 5 a., en vers... 2 »
L'HONNEUR ET L'ARGENT, comédie en 5 actes et en vers. 2 »

EMILE AUGIER.

GABRIELLE, com. en 5 actes en vers, 2 »
LA CIGUE, com. en 2 actes, en vers, 1 50
L'AVENTURIÈRE, comédie en 5 actes et en vers. 1 50
L'HOMME DE BIEN, comédie en 3 actes et en vers. 1 50
L'HABIT VERT, proverbe en 1 acte.. 1 »
LA CHASSE AU ROMAN, com. en 3 actes 1 50
SAPHO, opéra en 3 actes. 1 »
DIANE, drame en 5 actes, en vers... 2 »
LES MÉPRISES DE L'AMOUR, comédie en 5 actes, en vers. 1 50
PHILIBERTE, com. 3 actes, en vers 1 50
LA PIERRE DE TOUCHE, comédie en 5 actes, en prose. 2 »
LE GENDRE DE M. POIRIER, comédie en 4 actes et en prose. 2 »

GEORGES SAND.

LE DÉMON DU FOYER, comédie en 2 actes. 1 50
LE PRESSOIR, drame en 3 actes.... 2 »

JULES SANDEAU.

Mlle DE LA SEIGLIÈRE, comédie en 4 actes. 1 50

HENRY MURGER.

LA VIE DE BOHÊME, com. en 5 actes. 1 »
LE BONHOMME JADIS, comédie en 1 acte et en prose. 1 »

MÉRY.

GUSMAN LE BRAVE, drame en 5 actes et en vers. 2 »
LE SAGE ET LE FOU, comédie en 3 actes et en vers. 1 50

P. J. BARBIER.

UN POETE, drame en 5 actes et en vers 2 »
ANDRÉ CHÉNIER, drame en 3 actes et en vers. 1 »
L'OMBRE DE MOLIÈRE, à-propos en 1 acte et en vers. » 75

ADOLPHE DUMAS.

L'ÉCOLE DES FAMILLES, comédie en 5 actes et en vers. 1 »

VICTOR SÉJOUR.

LA CHUTE DE SÉJAN, drame en 5 actes et en vers. 2 »

Belle édition, format in-18 anglais.

OCTAVE FEUILLET

LE POUR ET LE CONTRE, comédie en un acte. 1 »
LA CRISE, comédie en 4 actes, en prose. 1 50

Mme ÉMILE DE GIRARDIN.

LADY TARTUFFE, comédie en 5 actes et en prose. 2 »
C'EST LA FAUTE DU MARI, comédie en 1 acte et en vers. 1 »
LA JOIE FAIT PEUR, comédie en 1 acte et en prose. 1 50

LE MARQUIS DE BELLOY.

LA MAL'ARIA, dr. en 1 acte, en vers. 2 »

J. AUTRAN.

LA FILLE D'ESCHYLE, trag. en 5 actes 1 50

ARMAND BARTHET.

LE MOINEAU DE LESBIE, comédie en 1 acte et en vers. 1 »

AUGUSTINE BROHAN.

LES MÉTAMORPHOSES DE L'AMOUR, comédie en 1 acte et en prose... 1 »

ARSÈNE HOUSSAYE.

LA COMÉDIE A LA FENÊTRE, comédie en 1 acte et en prose. 1 »

J. DE PRÉMARAY.

LES DROITS DE L'HOMME, comédie en 2 actes et en prose. 1 50

EDMOND COTTINET.

L'AVOUÉ PAR AMOUR, comédie en 1 acte et en vers. 1 »

LIADIÈRES.

LES BATONS FLOTTANTS, comédie en 5 actes et en vers. 2 »

E. ET H. CRÉMIEUX.

FIESQUE, drame en 5 actes et en vers 2 »

EUGÈNE DE STADLER.

LE BOIS DE DAPHNÉ, pièce antique en deux actes et en vers. 1 »

MICHEL CARRÉ.

SCARAMOUCHE ET PASCARIEL, comédie en un acte. » 75

MAZÈRES.

LE COLLIER DE PERLES, comédie en 3 actes. 1 50

CAMILLE DOUCET.

LES ENNEMIS DE LA MAISON, comédie en 3 actes, en vers. 1 50

ÉDOUARD FOUSSIER.

HÉRACLITE ET DÉMOCRITE, comédie en 2 actes, en vers. 1 50
LES JEUX INNOCENTS, comédie en 1 acte et en vers. 1 »

THÉATRE
DE VICTOR HUGO,

IMPRIMÉ A DEUX COLONNES, FORMAT GRAND IN-8.

Chaque Pièce se vend séparément 60 centimes.

…NANI, drame en 5 actes et en vers.
…ON DELORME, drame en 5 actes et en …s.
…OI S'AMUSE, dr. en 5 actes et en vers.
…ÈCE BORGIA, drame en 5 actes.
MARIE TUDOR, drame en 5 actes.
ANGÉLO, drame en 4 actes.
RUY-BLAS, drame en 5 actes et en …ers.
LES BURGRAVES, dr. en 3 actes et en vers.
LA ESMÉRALDA, opéra en 4 actes.

Brochures diverses.

LAMARTINE.

…Projet de Constitution. . . . . » 30
…Droit au Travail. . . . . » 30
…ne seule Chambre. . . . . » 30
…Présidence. . . . . » 30
…ettre aux dix Départements. . . . . . » 30

THIERS.

…Droit au Travail. . . . . » 30
…Crédit foncier. . . . . » 30

LE COMTE DE MONTALIVET.

…Roi Louis-Philippe et sa Liste civile. » 50

ÉDOUARD LEMOINE.

…dication du Roi Louis-Philippe. . . . » 50

ÉMILE DE GIRARDIN.

…ant la Constitution. . . . . » 50
…urnal d'un Journaliste au secret. . . . 1 »
…s Cinquante-Deux : 14 numéros sont en vente : I. Apostasie. — II. Le Gouvernement le plus simple. — III. L'équilibre financier par la Réforme administrative. — IV. La note du 14 décembre. — V. Respect de la Constitution. — VI. La Constituante et la Législative. — VII-VIII. La Politique de la Paix. — IX. Abolition de l'Esclavage militaire. — X-XI. Le Droit de tout dire. — XII. La Question de l'Avenir. — XIII-XIV. Le Socialisme et l'Impôt.
…rix de chaque numéro. . . . . » 5

JOHN LEMOINNE.

…l'Intégrité de l'Empire ottoman. . . . 1 »

LOUIS BLANC.

…Socialisme, Droit au Travail. . . . . 1 »
…pel aux honnêtes Gens. . . . . 1 »
…Révolution de Février au Luxembourg. 1 »

CHARLES DIDIER.

…e Visite à M. le Duc de Bordeaux. . . 1 »
…n Sicilienne. . . . . 1 »

L. VITET.

…ire financière du Gouvernement de …illet. . . . . » 50

GLADSTONE.

Deux Lettres au lord Aberdeen sur les poursuites politiques exercées par le gouvernement napolitain. . . . . . . 1 »

DELAMARRE.

La Vie à bon marché. — Réformes utiles. » 50
De l'Alimentation des Peuples et des Réserves de grains. . . . . » 50

BONNAL.

La Force et l'Idée. . . . . 1 »
Abolition du Prolétariat. . . . . » 50

BAUDELAIRE DUFAYS.

Salon de 1846. 1

LÉON FAUCHER.

Du Crédit foncier. . . . . » 30
De l'Impôt sur le Revenu. . . . . » 30

D. NISARD.

Les Classes moyennes en Angleterre et la Bourgeoisie en France. . . . . 1 »

HENRI BLAZE DE BURY.

M. le Comte de Chambord, un mois à Venise. . . . . 1 »

GEORGE SAND ET V. BORIE.

Travailleurs et Propriétaires. . . . . . 1 »

DUFAURE.

Du Droit au Travail. . . . . » 30

L. COUTURE.

Du Gouvernement héréditaire en France et des trois partis qui s'y rattachent. . . 1 50

ALEXANDRE DUMAS.

Révélations sur l'Arrestation d'Émile Thomas. . . . . » 50

A. PONROY.

Le maréchal Bugeaud. . . . . 1 »

G. BOULLAY.

Réorganisation administrative. . . . . 1 »

ESPRIT PRIVAT.

Le Doigt de Dieu. . . . . 1 »

UN PAYSAN CHAMPENOIS.

A Timon, sur son projet de Constitution. » 50

Pièces de Théâtre

Par **E. SCRIBE,** de l'Académie Française.

Chaque Pièce se vend 60 centimes.

Actéon,
Actionnaires (les).
Adieux au Comptoir (les).
Ali-Baba,
Ambassadeur (l').
Ambassadrice (l'),
Ambitieux (l').
Artiste (l').
Auberge (l').
Avare en Goguette (l').
Aventures du petit Jonas.
Baiser au Porteur (le).
Bal champêtre (le).
Belle-Mère (la).
Bertrand et Raton.
Bohémienne (la).
Bon Papa (le).
Budget d'un jeune ménage (le),
Café des Variétés (le).
Camilla.
Caroline.
Carte à payer (la)
Chalet (le),
Chambre à coucher (la).
Chanoinesse (la),
Chaperon (le).
Charge à payer (la).
Charlatanisme (le),
Château de la Poularde (le).
Chatte (la) métamorphosée en femme.
Cheval de Bronze (le),
Coiffeur et le Perruquier (le).
Colonel (le).
Combat des Montagnes (le).
Comte Ory (le).
Comte Ory (le), opéra.
Concert à la cour (le).
Confident (le).
Coraly.
Dame blanche (la),
Demoiselle à marier (la).
Demoiselle et la Dame (la).
Dernier Jour de fortune (un)
Deux Maris (les).
Deux Nuits (les),
Deux Précepteurs (les).
Dieu et Bayadère.
Diplomate (le).
Domino noir (le),
Eaux du mont Dor (les).
Ecarté (l').
Empiriques d'autrefois (les)
Elèves du Conservatoire (les)
Ennui (l').
Estelle,
Etre aimé ou mourir,
Famille du Baron (la).
Famille Riquebourg (la),
Farinelli.
Faute (une).
Favorite (la).
Fiancée (la),
Fiorella,
Fou de Péronne (le).
Fra Diavolo,
Frontin, mari garçon.
Gardien (le),
Gastronome sans argent (le)
Grande Aventure (la).
Grand'Mère (la).
Grisette (les),
Gustave III, opéra,
Haine d'une Femme (la).
Héritière (l'),
Héritiers de Crac (les).
Inconsolables (les).
Indépendants (les.
Intérieur d'un Bureau (l').
Intérieur de l'Etude (l').
Japhet.
Jarretière de la mariée (la).
Leicester,
Léocadie,
Lestocq.
Loge du Portier (la).
Lorgnon (le),
Louise,
Lune de Miel (la).
Maçon (le),
Mme de Sainte-Agnès.
Manie des places (la).
Manteaux (les).
Malheurs d'un amant heureux (les).
Malvina,
Maîtresse au logis (la),
Mansarde des Artistes (la).
Marraine (la),
Mariage d'argent (le).
Mariage enfantin (le).
Mariage de Raison (le),
Marquise de Brinvilliers (la).
Médecin de dames (le).
Médecine sans médecin (la).
Mém. d'un Colonel.
Ménage de Garçon (le).
Menteur véridique (le).
Mère de famille (la),
Michel et Christine,
Monomanie (une).
Moralistes (les).
Moulin de Javelle (le).
Mystificateur (le).
Neige (la),
Nouveau Pourceaugnac (le).
Nuées (les),
Nuit (une) de la Garde nationale.
Oncle d'Amérique (l')
Ours et le Pacha (l'),
Parrain (le).
Partie et Revanche.
Passion secrète (la).
Petit Dragon (le).
Pension bourgeoise (la).
Petite Sœur (la),
Philibert Marié.
Philippe.
Philtre (le).
Plus beau jour de la vie
Polichinelle,
Premières Amours (les)
Premier Chapitre (le),
Quaker et la Danseuse,
Quarantaine (la),
Reine d'un jour (la),
Rodolphe.
Salvoisy.
Savant (le).
Seconde Année (la),
Secrétaire et Cuisinier,
Simple Histoire.
Solliciteur (le).
Somnambule (la),
Soprano (le).
Témoin (le).
Théobald.
Toujours,
Treize (les).
Trois Maîtresses (les).
Valet de son Rival (le).
Vatel.
Vengeance italienne (la).
Verre d'eau (le).
Vieille (la).
Vieux Garçon (le) et la Petite Fille.
Vieux Mari (le).
Visite à Bedlam (une).
Volière (la).
Xacarilla (la).
Yelva,
Zanetta.
Zoé.

Pièces de SCRIBE à 1 franc.

Dame de Pique (la), 1 »
Enfant Prodigue (l'), 1 »
Guido et Ginevra, opér. 1 »
Huguenots (les), 1 »
Juive, opéra (la), 1 »
Lac des Fées opér. (le) 1 »
Martyrs, opéra (les), 1 »
Muette de Portici (la), 1 »
Prophète, opéra (le), 1 »

Pièces de Théâtre

IMPRIMÉES A 2 COLONNES, FORMAT GRAND IN-8.

Ame en peine (l'), op., 1 »
Ane (l') à Baptiste, » 60
Aubry le Boucher, » 60
Bonne réputation (une), » 60
Bouillon (un) d'onze heures, » 60
Breda street, » 60
Carillon (le) de Saint-Mandé, » 60
Carotte d'or (la), » 60
Charles VI, opéra, 1 »
Château (le) de la Roche noire, » 60
Chevalier (le) de Beauvoisin, » 60
Cinq Gaillards, » 60
Comique à la ville (un), » 60
Cour (la) de Biberack, » 60
Deux Camusot (les), » 60
Don Juan, opéra, 1 »
Don Sébastien de Portugal, opéra, 1 »
E. H. » 60
Emile ou 6 têtes dans un chapeau, » 60
Enfant du Carnaval (l'), (épuisé) 5 »
Etoile du Berger (l'), » 60
Eunuque (l'). » 60
Femme de mon Mari (la) (épuisée), 2 »
Frères Dondaine (les), » 60
Grand palatin (le), » 60
Grassot embêté par Ravel. » 60
Grisette de qualité (la), » 60
Guillaume Tell, opéra, 1 »
Histoire (une) de voleurs, » 60
Honneur d'une Femme, » 60
Inconsolable (l'), » 60
Jardin d'Hiver (le), 1 »
Jeanne d'Arc, drame, » 60
Juanita, » 60
Karel Dujardin, » 60
Libertins de Genève (les) 1 »
Lorettes et aristos, » 60
Mlle de Mérange, » 60
Mlle de Navailles, » 60
Maîtresse anonyme (la), 60
Malheureux comme un nègre, » 60
Mari du bon temps (un), » 60
M. de Maugaillard, » 60
Nouvelle (la) Clarisse Harlowe, » 60
Paire (une) de pères, » 60
Peau du Lion (la), 2 »
Peureux (les). » 60
Philippe 2 roi d'Espagne » 60
Pierrot posthume, » 60
Piquillo, opéra comique 1 »
Poisson d'avril (le), » 60
Pré aux Clercs (le), » 60
Proscrit, opéra (le), 1 »
Pupilles de la Garde, » 60
Recherche de l'Inconnu » 60
Reine de Chypre (la), 1 »
République (la) des lettres, » 60
Richard Cœur-de-lion, » 60
Rocambolle le Bateleur 1 »
Roman comique (le), » 60
Saint-Sylvestre (la). 1 »
Serpent sous l'herbe (le) » 60
Si jeunesse savait, 2 »
Société (la) du doigt dans l'œil, 1 »
Suzanne de Croissy, » 60
Travestissements (les), 1 »
Trois amours de Pompiers, » 60
Trompette de M. le Prince (le), 2 »
Val d'Andorre (le), 1 »
Vendetta (la), » 60
Veuve (la) de 15 ans, 1 »
Vieux Consul (le), 1 »

Pièces de Théâtre

IMPRIMÉES DANS LE FORMAT IN-OCTAVO ORDINAIRE.

Alexis, ou l'Erreur d'un bon Père, 1 »
André le Chansonnier, 1 »
Belle-Mère et le Gendre » 60
Ce que Femme veut, 1 »
Cléopâtre, 2 »
Clef dans le dos (la), 1 »
Docteur en herbe (un), 1 »
Eve, 1 »
Gibby la Cornemuse, 1 50
Iphigénie en Tauride, 1 »
Locataires et portiers, 1 »
Modèle (le), » 60
Monomane (le), 1 »
Monténégrins (les), 2 »
Monsieur Pinchard, 1 »
Mort de Strafford (la), 1 50
Mousquetaires de la Reine (les), 1 50
Noces de Gamache (les), » 60
Paquebot (le), 1 »
Palma, 1 »
Popularité (la), » 60
Princesse Aurélie, » 60
Robert Bruce, drame, 1 »
Santeul, ou le Chanoine au cabaret, 1 50
Servante justifiée (la), ballet, 1 »
Suzanne de Foix, 2 »
Univers et la Maison (l') 1 50
Vieillesse de Richelieu 1 50

BIBLIOTHÈQUE DRAMATIQUE

CHOIX

DE

PIÈCES NOUVELLES JOUÉES SUR LES THÉATRES DE PARIS

IMPRIMÉES DANS LE FORMAT IN-18 ANGLAIS.

La Bibliothèque Dramatique publie exclusivement toutes les œuvres théâtrales nouvelles de MM. Alexandre Dumas, Bayard, Anicet-Bourgeois, Dumanoir, Lockroy, Mélesville, Frédéric Soulié et Eugène Süe, qui se sont engagés également pour leurs collaborateurs, et les œuvres choisies des meilleurs auteurs dramatiques.

Il paraît trois ou quatre pièces par mois. — Quatre volumes par an.

Prix de chaque volume : 5 francs.

Chaque volume et chaque pièce se vendent séparément.—Le tome XLIII est en vente.

Le Gant et l'Éventail, » 60
La Baronne de Blignac, » 60
l'Inventeur de la Poudre 1 »
Château des Sept-Tours 3 »
Sport et Turf, 2 »
Le Docteur Noir, » 60
Charlotte, » 60
Clarisse Harlowe, » 60
Madame de Tencin, 5 »
Don Gusman, 1 »
Le Bonhomme Richard » 60
Gentil-Bernard, » 60
Echec et Mat, 1 »
Un Mari qui se dérange, » 60
La Closerie des Genêts, 1 »
Une Chambre à deux lits » 60
Les Demoiselles de noce » 60
Le Nœud gordien, » 60
Pierre Février, » 60
Gibby la Cornemuse, 1 »
Le Lait d'Anesse, » 60
La Poudre-Coton, » 60
Diable ou Femme, 1 »
Un Mari fidèle, » 60
Robert Bruce, opéra, 1 »
Marie ou l'Inondation, » 60
Mystères du Carnaval, » 60
Mademoiselle Navarre, » 60
Trois Rois, Trois Dames » 60
Un Coup de lansquenet, » 60
Irène, ou le Magnétisme » 60
En Province, 1 »
Filleul de tout le monde » 60
Le Fantôme, » 60
La Reine Margot, 1 »
Une Fièvre brûlante, 2 »
Bertram le Matelot, » 60
Alceste, 1 »
L'Enfant de l'Amour, » 60
Notre Fille est princesse » 60
La Reine Argot, » 60
Palma, » 60
Un Docteur en herbe, » 60
La Loge de l'Opéra, » 60
Ce que Femme veut, » 60
Léonard le Perruquier, » 60
Le Bouquet de l'Infante 1 »
Un Coup de vent, » 60
Père et Portier, 5 »
Le Chiffonnier de Paris, 1 »
La Vicomtesse Lolotte, » 60
Le Trottin de la Modiste 3 »
Les Nuits blanches, » 60
Etouffeurs de Londres, » 60
La Bouquetière, 1 »
Les Notables de l'endroit » 60
Robert Bruce, drame, » 60
Pour arriver, » 60
Intrigue et Amour, 1 »
Un Mousquetaire gris, 1 »
Le jeune Père, » 60
L'École des Familles, 1 »
Le Chirurgien-major, 1 »
Charlotte Corday, » 60
Chev. de Maison-Rouge, 1 »
Les deux Foscari, 1 »
Les Chiffonniers, » 60
Léa ou la Sœur du Soldat » 60
Le Fils du Diable, 1 »
Le Bonheur sous la main » 60
Rose et Marguerite, » 60
Simon le voleur, » 60
Isabelle de Castille, » 60
Le Passé et l'Avenir, » 60
Le Réveil du Lion, » 60
Le Chevalier d'Essonne, » 60
Premiers beaux Jours, » 60
Regardez, mais ne touchez pas, » 60
Martin et Bamboche, 1 »
Ordonnance du Médecin » 60
Le Coin du Feu, » 60
Cléopâtre, 2 »
Jacques le Fataliste, » 60
Gastibelza, 1 »
Une jeune Vieillesse, » 60
Les premiers Pas, » 60
Jérôme le Maçon, » 60
Jérusalem, opéra. 1 »
En bonne fortune, » 60
Le Trésor du pauvre, » 60
La Dernière Conquête, » 60
Un Château de Cartes, » 60
Hamlet, 1 »
Un Banc d'Huîtres, 1 »
Les Geais, » 60
Les Tribulations d'un grand Homme, » 60
Journal d'une Grisette » 60
La Marinette, » 60
Mémoires de Grammont » 60
Lavater, » 60

BIBLIOTHÈQUE DRAMATIQUE.

- Hortense de Blengie, » 60
- Bouquet de la Reine, 1 »
- Le Marquis de Lauzun, » 60
- Léonie, » 60
- Extrêmes se touchent, » 60
- Amour et Bergerie, » 60
- Le Fruit défendu, » 60
- Le Petit-Fils, » 60
- Griseldis, 1 »
- La Clef dans le dos, » 60
- Notre-Dame-des-Anges 1 »
- Le Collier du roi, » 60
- Gilles Ravisseur, » 60
- Un Jeune homme pressé » 60
- Le Pouvoir d'une femme » 60
- Le 24 Février, à-propos » 60
- Vestris, » 60
- La Foi, l'Espérance et la Charité, 1 »
- Un Voyage sentimental 2 »
- March. de jouets d'enf. 1 »
- Une Poule, » 60
- Horace et Caroline, 1 »
- Le Maréchal Ney, 2 »
- Eric, ou le Fantôme, » 60
- Guillaume le Débardeur » 60
- Le Démon familier, » 60
- Un et un font un, » 60
- Les Frais de la guerre, 2 »
- Niaise de Saint-Flour 2 »
- Marceau, 3 »
- Un Déménagement 1 »
- Premières coquetteries » 60
- Les Portraits, » 60
- La Marâtre, 1 »
- Le Morne au Diable, 1 »
- Le Premier coup de canif » 60
- Le Vrai club des femmes 1 »
- Jeanne Mathieu, » 60
- La Taverne du Diable, » 60
- Comtesse de Sennecey 2 »
- Le Camp de Saint-Maur » 60
- Le Chemin de Traverse » 60
- Le Lion empaillé, 1 »
- Parades de nos Pères 1 »
- Le Livre Noir, 1 »
- L'Affaire Chaumontel, 1 »
- Catilina, 1 »
- Les Fonds secrets, 1 »
- Sept péchés capitaux 1 »
- Les Deux font la paire » 60
- Un Coup de pinceau, » 60
- Macbeth, 1 »
- Envies de Mme Godard 5 »
- Vieillesse de Richelieu 1 »
- Le Cuisinier politique » 60
- L'Ile de Tohu-Bohu, 3 »
- Un Vilain Monsieur, » 60
- Le Czar Cornélius, » 60
- Fualdès, 2 »
- Le Roi de Cœur, » 60
- 12 travaux d'Hercule » 60
- L'Argent, » 60
- Lampions de la veille, 1 »
- Rage d'Amour, » 60
- Comment les femmes se vengent, » 60
- Les Marrons d'Inde, 3 »
- Mystères de Londres, 1 50
- Tout Chemin mène à Rome, » 60
- Le Caïd, 1 »
- Montagne et Gironde 2 »
- Bon gré, mal gré, » 60
- La petite Cousine, » 60
- Le Pardon de Bretagne 1 »
- La Foire aux Idées, » 60
- Les Orphelins du pont Notre-Dame, 1 »
- La Popularité, » 60
- Le 24 Février, drame, » 60
- La Pension alimentaire » 60
- Le Berger de Souvigny, » 60
- La Tasse Cassée, 2 »
- Le Pasteur, » 60
- Mauvais Cœur, 1 »
- L'Amitié des Femmes, 1 »
- Une Dent sous Louis XV » 60
- Rachel, ou la belle Juive » 60
- Habit, Veste et Culotte, » 60
- Vautrin et Frise-Poulet » 60
- L'Habit vert, 1 »
- La Mort de Strafford, » 60
- La Danse des Écus, 1 »
- 2e N° Foire aux Idées, » 60
- Louis XVI et Marie-Antoinette, 1 »
- La Paix à tout prix, » 60
- La Cornemuse du diable » 60
- Le Comte de Ste-Hélène » 60
- Le Curé de Pomponne » 60
- Gardée à vue, » 60
- Les Monténégrins, 1 »
- Bouquet de Violettes, » 60
- Les Prétendants, » 60
- Le Guérillas, » 60
- Jobin et Nanette, » 60
- André Chénier, 1 »
- Un Drame de Famille, » 60
- Elzéar Chalamel, » 60
- Les Trois-Étages, » 60
- Les Puritains d'Écosse, 1 »
- La Grosse Caisse, » 60
- Un Duel chez Ninon 2 »
- Le Toréador, 1 »
- Conspiration de Mallet, » 60
- Le Fil de la Vierge, 1 »
- Brutus, lâche César, » 60
- Pompée, » 60
- Exposition des Produits de la République, » 60
- 3e N° Foire aux Idées, » 60
- Le Feu de Paille, » 60
- L'Hôtel de la Tête noire, » 60
- Eva, » 60
- Les Atomes crochus, » 60
- L'Oiseau de Passage, » 60
- La Sonnette du Diable, » 60
- Rome, drame, 1 »
- L'Épouvantail, » 60
- Piquillo-Alliaga, 1 »
- La Chute de Séjan, 2 »
- 4e N° Foire aux Idées, » 60
- Frisette, » 60
- Petit-Pierre, » 60
- Graziella, » 60
- Le Bal du Prisonnier, » 60
- Deux Hommes, 1 »
- La Famille Poisson, » 60
- Les Belles de Nuit, » 60
- Les Deux Sans-Culottes, 60
- La Femme à la Broche, » 60
- Croque-Poule, » 60
- L'Impertinent, » 60
- La Jeunesse dorée, 1 »
- La Vie de Bohême, 1 »
- Une Tempête dans un Verre d'eau, 1 »
- Les Marraines de l'An 3, 60
- L'Année prochaine, » 60
- Les Quatre Fils Aymon, 60
- La Bossue, » 60
- Les Deux Célibats, » 60
- Diviser pour Régner, » 60
- Les Porcherons, 1 »
- Lulli, » 60
- Saisons vivantes, » 60
- Laurence, » 60
- Rosette et Nœud coulant, » 60
- Métamorph. de Jeannette, 60
- Mlle de Liron, » 60
- Une Tutelle en carnaval » 60
- J'ai mangé mon ami, » 60
- Les Bijoux indiscrets, » 60
- Henriette Deschamps, » 60
- Un monsieur qu'on n'attendait pas, » 60
- Nisus et Euryale, » 60
- Un Coup d'état, » 60
- Louise de Vaulcroix, » 60
- Embrassons-nous, Folleville, » 60
- Colombine, » 60
- Notre-Dame de Paris, 1 »
- Le Courrier de Lyon, » 60
- L'Odalisque, » 60
- Restaurat. des Stuarts, 1 »
- Princesse et Charbonnière, » 60
- Une Idée fixe, » 60
- Le Sous-Préfet s'amuse, » 60
- Songe d'une Nuit d'été, 1 »
- La Petite Fadette, » 60
- Traversin et Couverture, » 60
- Le Mariage en 3 Étapes, » 60
- L'Amour mouillé, » 60
- La Maison du Garde, » 60
- Suffrage 1er, » 60
- Garçon de chez Véry, » 60
- La Volière, » 60
- Le Jeu de l'amour et de la cravache, » 60
- Queue du chien d'Alcib. » 60
- Un Vieil Innocent, » 60

BIBLIOTHÈQUE DRAMATIQUE.

Le Roi de Rome, » 60
Le Bourgeois de Paris, » 60
Roméo et Marielle, » 60
Capitaine... de Quoi, » 60
Chodruc-Duclos, » 60
Présid. de la Basoche, » 60
Le Sopha, » 60
L'Echelle de femmes, » 60
Fantaisies de Milord, » 60
Le Bonhomme Jacques, » 60
Les Roués innocents, » 60
Faust et Marguerite, » 60
Qui se dispute s'adore, » 60
Héraclite et Démocrite, » 60
Les pavés sur le pavé, » 60
Charles VI, opéra, 1 »
L'Amant Jaloux, » 60
Mariage sous la régence, » 60
Pied-de-Fer. 1 »
Marianne, 1 »
Quand on attend sa belle. 60
Divorce sous l'empire, » 60
La dot de Mariette, » 60
Les Deux Aigles, » 60
La plus belle nuit de la vie, 60
Le Talisman, » 60
Phénomène, » 60
Baignoires du Gymn., » 60
Douairière de Brionne, » 60
Sapho, » 60
Amoureux sans le savoir, 60
Un Monsieur qui suit les femmes, 2 »
Bajazet, » 60
Pomponette et Pompad. » 60
Portes et Placards, » 60
Prétendus de Gimblette, 60
Règne des escargots, » 60
Ennemis de la maison, » 60
Le Maître d'armes, » 60
Jean le postillon, » 60
L'Hôtel de Nantes, » 60
Le Canotier. » 60
Mémoires du Gymnase, » 60
Fais la cour à ma femme, 60
Une Clarinette qui passe, 60
Testament d'un garçon, » 60
Un Mystère, » 60
Trois coups de pied, » 60
Tout vient à point, » 60
Steeple-chase, » 60
Vol à la fleur d'orange, » 60
Jeanne, » 60
La tante Vertuchoux, » 60
Don Gaspar, 1 »
Le Collier de perles, 2 »
Femme qui perd ses Jar., 60
Une passion du Midi, 1 »
Deux Lions râpés, » 60
Bonsoir, M. Pantalon, » 60
La Chasse au Roman, 1 »
Bruyère, » 60
On demande des Culottières, » 60
Manon Lescaut, 1 »
Les Métamorphoses de l'Amour, » 60
Le Muet, 1 »
Dans une baignoire, » 60
Les Routiers, 1 »
Amour à l'aveuglette, » 60
Contes d'Hoffmann, 1 »
Le Démon de la Nuit, 1 »
Le second Mari de ma Femme, » 60
Martial le Casse-cœur. » 60
Midi à Quatorze heures, 2 »
Mme Bertrand et Mlle Raton. » 60
Souper de la marquise. » 60
La Fin du Roman, » 60
Comment l'esprit vient aux garçons, » 60
C'est la faute du Mari, 1 »
Aventures de Suzanne, » 60
Les Vengeurs, » 60
Si Dieu le veut, 1 »
Ferme de Primerose, 2 »
Le Père Jean, » 60
Derrière le Rideau, » 60
Les Bâtons flottants, 2 »
La Femme qui trompe son Mari, » 60
Salvator Rosa, 1 »
En manches de chemise, » 60
Un chapeau de paille, » 60
Un fameux numéro, » 60
Le Mari d'une jolie Femme, » 60
Mathurin Régnier, 1 »
Le Prophète, 1 »
Sous les pampres, » 60
Un Roi de la mode, » 60
Les 4 parties du monde. » 60
Marthe et Marie, 1 »
Mosquita la Sorcière, 1 »
Dieu merci! le couvert est mis, » 60
Les Filles de l'air, » 60
Le Coucher d'une Etoile, 60
Les derniers adieux. » 60
Allons battre ma femme, 60
Tambour battant, » 60
Les Droits de l'homme, 1 »
Les Robes blanches, » 60
Mlle de la Seiglière, 1 50
Yvonne et Loïc, » 60
Hortense de Cerny, » 60
Les Crapauds immortels, 60
Le Château de la Barbe-Bleue, 1 »
La Fileuse, » 60
Bonaparte en Égypte, » 60
Marionnettes du Docteur, 1 »
Le Château de Grantier, 1 »
Un Mari trop aimé, » 60
La Dame de la Halle, 1 »
1er Tableau de Poussin, 1 »
Carillonneur de Bruges, 1 »
Diane, 2 »
1res Armes de Blaveau, » 60
Paris qui dort, 1 »
5 minut. du commandeur 1 »
Maman Sabouleux. » 60
Le Piano de Berthe, » 60
Un Mr qui prend la mouche 60
Les 3 Amours de Tibulle 60
2 Coqs vivaient en paix. » 60
Les Barrières de Paris, 1 »
Benvenuto Cellini, 2 »
Un mari d'occasion, » 60
Galathée, 1 »
Mémorial de Ste-Hélène 1 »
Le Bonhomme Jadis, 1 »
La Mendiante, 1 »
L'Exil de Machiavel, 1 »
La Prise de Caprée, » 60
Soufflez-moi dans l'œil, » 60
Suites d'un premier lit, » 60
Canadar père et fils, » 60
Déménagé d'hier, » 60
Paris qui s'éveille, 2 »
Chasse au Lion, » 60
Les Coulisses de la vie, » 60
Les Nuits de la Seine, 1 »
Ulysse, 2 »
Yorck, » 60
Les Gaîtés champêtres, » 60
Par les fenêtres, » 60
Donnant, donnant, » 60
Le Duel de mon oncle, » 60
La Croix de Marie, 1 »
La Perdrix rouge, » 60
La Tête de Martin, » 60
Le terrible Savoyard, » 60
Berthe la Flamande, 2 »
La Chambre rouge, 2 »
Les Avocats, » 60
Le Sage et le Fou, 1 60
La Chatte Blanche, » 60
Aux Eaux de Spa, » 60
Le Trou des lapins, » 60
Roquelaure, 1 »
Le Père Gaillard, 1 »
Si j'étais roi! 1 »
Souvenirs de jeunesse, 1 »
Paris qui pleure et Paris qui rit, 1 »
Une Nuit orageuse, » 60
Piccolet, » 60
Deux Gouttes d'eau, » 60
Marie Simon, 2 »
Scapin, » 60
Vieux de la vieille Roche, 60
Pariure de Jules-Denis, 1 »
Edgard et sa Bonne, » 60
L'ami François, » 60
La Bergère des Alpes, 1 »
Thérèse, Ange et Démon » 60
Mam'zell' Rose, » 50
Voyage autour d'une jolie femme, » 60
Les Quatre coins, » 60
L'Amour pris aux cheveux 60

BIBLIOTHEQUE DRAMATIQUE.

Mari qui n'a rien à faire 2 »
La Femme aux œufs d'or, 60
Grandeur et Décadence de M. Prudhomme, 1 »
Ce que vivent les roses, » 60
Le Chêne et le Roseau, » 60
Un Fils de Famille, 1 »
Paniers de la comtesse, » 60
Les Inséparables, » 60
Mon Isménie, » 60
Le Chevalier des Dames, 60
Guillery le Trompette. 1 »
Ah! vous dirai-je, maman. 60
Les Variétés de 1852. 1 »
Orfa. 1 »
Le Loup dans la Bergerie. 60
Le Cœur et la Dot. 2 »
Feuilleton d'Aristophane. 60
Alexandre chez Appelles. 60
Une charge de cavalerie 60
Une Femme qui se grise 60
La Case de l'oncle Tom. 1 »
Louise Miller, 1 »
L'Oncle Tom, 1 »
Un Ami acharné, » 60
La Terre promise, » 60
M. le Vicomte, » 60
Merlan en bonne fortune, 60
Le Sourd, 1 »
Les Noces de Jeannette, 1 »
Lady Tartuffe, 2 »
Madelon, 1 »
Contes de la reine de Navarre, 1 25
Bataille de Dames, 1 »
La Chanteuse voilée, » 60
Elisa ou un Chapitre de l'Oncle Tom, » 60
Bocace, 1 »
La Boisière, 1 »
Les Folies dramatiques 1 »
L'Honneur et l'Argent. 2 »
La Mal'aria, 2 »
Souvenirs de voyage, » 60
Un Notaire à marier, » 60
Philiberte, 1 50
La Tonelli, 1 »
Marie-Rose, 1 »
Un Mari en 150, » 60
Les Lundis de Madame. 1 »
Une Femme dans ma fontaine, » 60
On demande un Gouverneur, 1 »
La Fronde, 1 »
Le Colin-Maillard, » 60
Quand on veut tuer son chien, » 60
Un ut de poitrine, » 60
Le Vieux Caporal, 1 »
Les Mém. de Richelieu » 60
Les Filles de Marbre, 1 »
Le ciel et l'enfer, » 60
Quand on attend sa bourse, » 60
Un coup de vent, » 60
Un Ménage à trois. » 60
Les Mystère de l'été, 2 »
Un banquier comme il y en a peu, 60 »
Le Lys dans la vallée, 2 »
L'Ane mort, 1 »
Chasse aux Corbeaux, 1 »
Honneur de la maison, 1 »
Le Chevalier Coquet » 60
Les Trois Sultanes, 1 »
Les Jeux innocents, » 60
Un Feu de Cheminée, » 60
L'Amour au Daguerréotype, » 60
Un Homme entre deux airs, » 60
Un Chapeau qui s'envole, » 60
La Moissonneuse, 1 »
Le Nabab, 1 »
Le Voile de dentelle. 1 »
Gusman le brave, 2 »
Les Enfers de Paris, 1 »
Le Pressoir, 2 »
Bonsoir Voisin, » 60
Les Sept Merveilles du monde. 1 »
Georges et Marie. 1 »
Le Bijou perdu. 1 »
La Prière des naufragés 1 »
To Be, or not to be, » 60
Colette, 1 »
Le Pour et le Contre, 1 »
Madame est de retour, » 60
La Forêt de Sénart, » 60
Les Cosaques, 1 »
Le célèbre Vergeot, » 60
Les Orphelines de Valneige, 1 »
Diane de lys et de Camélias, » 60
Betly, opéra, 1 »
La Pierre de Touche, 2 »
Souvent femme varie, » 60
Georgette, » 60
Les Oiseaux de la Rue, 1 »
Le Télégraphe électrique 60
Louise de Nanteuil, 1 »
Une Soubrette de qualité, 60
L'Homme à la Tuile, » 60
Les Erreurs du bel âge, » 60
Elisabeth, 1 »
Théodore, » 60
L'Etoile du Nord, 1 »
Deux profonds Scélérats » 60
La Marquise de Tulipano, 60
La Joie fait peur, 1 50
La Crise, 1 50
Deux Femmes en gage, » 60
Où passerai-je mes soirées, » 60
Le Laquais d'Arthur, » 60
Le Meunier, son Fils et Jeanne. 60
La Promise, 1 »
La Vestale, 1 »
Vie d'une Comédienne, 1 »
L'Argent du Diable, 1 »
Le Pendu, 1 »
Sur la Terre et sur l'Onde, 1 »
Un Mari qui prend du Ventre, » 60
Le Gendre de M. Poirier 2 »
La Bonne Aventure, 1 »
L'Esprit familier, » 60
33,333 fr. 33 c. par jour. » 60
Reculer pour mieux sauter, » 60
M. de La Palisse, » 60
Propre à rien. » 60
La Bête du bon Dieu, 1 »
Le Marbrier, 1 »
La Rose de Bohême, » 60
Pas Jaloux, » 60
Sous un bec de gaz. » 60
Espagnolas et Boyardinos, 1 »
Gemma, 1 »
Songe d'une nuit d'hiver » 60

Ouvrages illustrés.

L'ASSEMBLÉE NATIONALE COMIQUE.

180 dessins inédits de CHAM, texte par LIREUX. — 1 beau volume très-grand in-8°, Prix broché, 14 francs; relié en toile, avec plaques spéciales, doré sur tranches. Prix : 20 fr.

JÉROME PATUROT

A LA RECHERCHE DE LA MEILLEURE DES RÉPUBLIQUES.

Par LOUIS REYBAUD, illustré par TONY JOHANNOT. — Un beau volume très-grand in-8°, contenant 160 vignettes dans le texte et 30 types. — Prix : broché, 15 francs; relié en toile, avec plaques spéciales, doré sur tranches. Prix : 20 fr.

LE FAUST DE GOETHE.

Traduction revue et complète, précédée d'un Essai sur Goethe, par HENRI BLAZE ; édition illustrée de 9 vignettes, dessinées par TONY JOHANNOT, et d'un nouveau portrait de Goethe gravés sur acier par M. LANGLOIS et tirés sur papier de Chine. — Un volume grand in-8°. — Prix : broché. 8 fr. ; relié en toile, avec plaques, doré sur tranches. Prix : 12 fr.

THÉATRE COMPLET DE VICTOR HUGO.

Un beau volume grand in-8°, orné du portrait de Victor Hugo et de six gravures sur acier, d'après les dessins de MM. RAFFET, L. BOULANGER, J. DAVID, etc., etc. — Prix : broché, 6 fr. 50 cent. ; relié en toile, avec plaques, doré sur tranches. Prix : 10 fr.

EN VENTE :

DICTIONNAIRE DE LA CONVERSATION ET DE LA LECTURE,

Inventaire raisonné des notions générales les plus indispensables à tous

PAR UNE SOCIÉTÉ DE SAVANTS ET DE GENS DE LETTRES.

Les six premiers volumes sont en vente.

SECONDE ÉDITION,

Entièrement refondue, corrigée et augmentée de plusieurs milliers d'articles tout d'actualité.

CONDITIONS DE LA SOUSCRIPTION.

La SECONDE ÉDITION du *Dictionnaire de la Conversation et de la Lecture* se composera de 15 volumes grand in-8°, format dit *Panthéon littéraire*, de 800 pages chacun, à deux colonnes, sur papier vélin superfin satiné. Le chiffre de 15 volumes demeure invariablement fixé dès à présent. *En conséquence, l'éditeur s'engage à délivrer gratuitement aux souscripteurs tout volume excédant ce nombre.*

Les quinze volumes seront publiés en 150 livraisons de 80 pages chacune.

Dix livraisons formeront un volume.

Il paraît *régulièrement* une livraison TOUS LES SAMEDIS.

PRIX DE LA LIVRAISON : UN FRANC VINGT-CINQ CENTIMES.

Prix du volume : 12 fr. 50 c.

Il est accordé des primes spéciales aux deux mille premiers souscripteurs inscrits.

Pour plus amples renseignements, faire demander le prospectus complet.

LE THÉATRE CONTEMPORAIN ILLUSTRÉ

CHOIX DE PIECES

Jouées sur tous les Théâtres de Paris.

PIÈCES EN VENTE :

1re SÉRIE. — PRIX : 1 FRANC.

Le Chiffonnier de Paris. . . . 20 c.
La Closerie des Genêts. . . . . / *Une Tempête dans un verre d'eau.* } 40
Le Morne au Diable. . . . . . / *Pas de Fumée sans Feu.* . . . . } 40

2e SÉRIE. — PRIX : 1 FRANC.

Trois Rois, trois Dames. 20
La Marâtre. . . . . / *La Ferme de Primerose.* . . . } 40
Le Chevalier de Maison-Rouge. / *L'Habit vert.* . . . . } 40

3e SÉRIE. — PRIX : 1 FRANC.

Benvenuto Cellini. . . . . / *Frisette.* . . . . } 40
Clarisse Harlowe. 20
La Reine Margot. . . . . / *Jean le Postillon.* . . . . . . } 40

4e SÉRIE. — PRIX : 1 FRANC.

La Foi, l'Espérance et la Charité. / *Le Bal du Prisonnier.* . . . . } 40
Hamlet. . . . . / *Le Lait d'ânesse.* . . . . } 40
Hortense de Blengie. 20

5e SÉRIE. — PRIX . 1 FRANC.

Le Fils du Diable. . . . . / *Une Dent sous Louis XV.* . . . } 40
Le Livre noir. . . . . / *Midi à quatorze heures.* . . . . } 40
La petite Fadette. 20

6e SÉRIE. — PRIX : 1 FRANC.

La Vie de Bohême. . . . . . . / *Graziella.* . . . . } 40
La Chambre rouge. . . . . . . / *Un jeune Homme pressé.* . . . . } 40
Le Docteur noir. 20

7e SÉRIE. — PRIX : 1 FRANC.

Martin et Bamboche. . . . . . / *Les deux Sans-culotte.* . . . . } 40
Les Mystères du Carnaval. . . . / *Croque-Poule.* . . . . } 40
Une Fièvre brûlante. 20

8e SÉRIE. — PRIX : 1 FRANC.

Bataille de Dames. 20
Le Pardon de Bretagne. . . . . / *La Pariure de Jules Denis.* . . . } 40
Paris qui dort. . . . . / *Paris qui s'éveille.* . . . . . . } 40

9e SÉRIE. — PRIX : 1 FRANC.

Intrigue et Amour. . . . . . . / *Le Marchand de Jouets d'Enfants.* } 40
Gentil Bernard. . . . . / *Jobin et Nanette.* . . . . . . } 40
Le Collier de Perles. 20

10e SÉRIE. — PRIX : 1 FRANC.

Le Bourgeois de Paris. 20
Les Contes de la Reine de Navarre. / *Qui se dispute s'adore.* . . . . } 40
Marie Simon. . . . . / *La Famille Poisson* . . . . . } 40

11e SÉRIE. — PRIX : 1 FRANC.

Les Nuits de la Seine. . . . . . / *Un Garçon de chez Véry.* . . . } 40
Un Chapeau de paille d'Italie. . . 20
L'Oncle Tom. . . . . / *Chasse au Lion.* . . . . } 40

12e SÉRIE. — PRIX : 1 FRANC.

Berthe la Flamande. . . . . . . / *Un Mari qui n'a rien à faire.* . . } 40
Le Testament d'un garçon. . . . 20
La Chatte Blanche. . . . . . . / *L'Amour pris aux cheveux.* . . . } 40

LE THÉATRE CONTEMPORAIN ILLUSTRÉ.

13e SÉRIE. — PRIX : 1 FRANC.

Le Courrier de Lyon. } 40
Par les Fenêtres. }
Le Roi de Rome. 20
Un Monsieur qui suit les Femmes. } 40
La Terre promise. }

14e SÉRIE. — PRIX : 1 FRANC.

Les Sept Péchés capitaux. } 40
La Tête de Martin. }
Le Sage et le Fou. 20
Le Muet. } 40
Un Merlan en bonne fortune. }

15e SÉRIE. — PRIX : 1 FRANC.

Les Quatre fils Aymon. } 40
Scapin. }
Un Premier Coup de Canif. 20
Roquelaure } 40
Une Nuit Orageuse. }

16e SÉRIE. — PRIX : 1 FRANC.

La Mendiante. } 40
La Tonelli. }
Les Avocats 20
Marianne } 40
Une Charge de cavalerie. }

17e SÉRIE. — PRIX : 1 FRANC.

Les Coulisses de la vie. } 40
Un Ami acharné. }
La Bergère des Alpes. } 40
Les Paniers de la Comtesse. }
Marie, ou l'inondation. 20

18e SÉRIE. — PRIX : 1 FRANC.

Les Sept Merveilles du Monde. } 40
Un Coup de vent. }
Notre-Dame de Paris. } 40
Les Lundis de Madame. }
Le Château des Sept Tours 20

19e SÉRIE. — PRIX : 1 FRANC.

Les Mystères de l'Eté. } 40
Voyage autour d'une Jolie Femme. }
Le Cœur et la Dot. } 40
Un Ut de Poitrine. }
Léonard le perruquier. 20

20e SÉRIE. — PRIX 1 FRANC.

Ls sept Merveilles du N° 7. } 40
L'ami François }
Les Enfers de Paris. } 40
Atala. }
La Nuit du Vendredi-Saint 20

21e SÉRIE. — PRIX : 1 FRANC.

Les Cosaques. } 40
Un Monsieur qu'on n'attendait pas. }
Bertram le Matelot. } 40
L'Amour au Daguerréotype. }
Irène ou le Magnétisme. 20

22e SÉRIE. — PRIX : 1 FRANC.

Les Mystères de Londres. } 40
Un vilain Monsieur. }
Le Lys dans la Vallée. } 40
Un Homme entre deux Airs. }
La Forêt de Sénart. 20

23e SÉRIE. — PRIX : 1 FRANC.

Catilina. } 40
Théodore. }
Le Voile de Dentelle. } 40
Les Fureurs de l'Amour. }
Les Folies dramatiques. 20

24e SÉRIE. — PRIX : 1 FRANC.

La Comtesse de Sennecey. } 40
Edgard et sa Bonne. }
Manon Lescaut. } 40
Les Mémoires de Richelieu. }
L'Ane mort. 20

Conditions de la Souscription.

IL PARAIT

Une ou deux Livraisons par semaine.
Chaque Livraison contient une Pièce.
PRIX : 20 CENTIMES.

Une Série tous les mois.
Chaque Série contient cinq Pièces.
PRIX : 1 FRANC.

CHAQUE PIÈCE EST PUBLIÉE AVEC UN DESSIN

REPRÉSENTANT UNE DES PRINCIPALES SCÈNES DE L'OUVRAGE.

MUSÉE LITTÉRAIRE

DU SIÈCLE

Choix des meilleurs Ouvrages modernes de MM. de **LAMARTINE**, Alexandre **DUMAS**, de **BALZAC**, Jules **JANIN**, Eugène **SUE**, Emile de **GIRARDIN**, Charles de **BERNARD**, Frédéric **SOULIÉ**, Jules **SANDEAU**, **MÉRY**, Alphonse **KARR**, Léon **GOZLAN**, Félix **PYAT**, Emile **SOUVESTRE**, **SCRIBE**, Paul **FÉVAL**, Marc **FOURNIER**, **SAINTINE**, Louis **DESNOYERS**, Emmanuel **GONZALÈS**, Michel **MASSON**, Emile **MARCO DE SAINT-HILAIRE**, etc., etc.

Il paraît deux livraisons par semaine, ou une série tous les quinze jours.

20 centimes la Livraison, composée de 24 Pages.

EN VENTE, OUVRAGES COMPLETS.

ALEXANDRE DUMAS.

Les Trois Mousquetaires.	1 vol.	1	50
Vingt ans après	—	2	»
Le Vicomte de Bragelonne	—	4	50
Le Comte de Monte-Cristo	—	3	60
Le Chevalier de Maison-Rouge	—	1	10
La Reine Margot	—	1	50
Ascanio	—	1	30
La Dame de Monsoreau	—	2	20
Amaury	—	»	90
Les Frères corses	—	»	50
Les Quarante-cinq	—	2	20
Les deux Diane	—	2	»
Le Maître d'armes	—	»	90
Le Bâtard de Mauléon	—	1	80
La Guerre des Femmes	—	1	50
Mémoires d'un Médecin (Balsamo)	—	3	60
Georges	—	»	90
Une Fille du Régent	—	1	10

ALEXANDRE DUMAS.

Impressions de Voyage (Suisse)	—	2	»
Midi de la France	—	1	10
Une année à Florence	—	»	90
Le Corricolo	—	1	50
La Villa Palmieri	—	»	90
Le Spéronare	—	1	30
Le capitaine Aréna	—	»	90
Les bords du Rhin	—	1	10
Quinze jours au Sinaï	—	»	90
Cécile	—	»	70
Sylvandire	—	»	90
Fernande	—	»	90
Le Chevalier d'Harmental	—	1	30
Isabel de Bavière	—	1	10
Acté	—	»	70
Gaule et France	—	»	70
Le Collier de la Reine	—	2	20
La Tulipe noire	—	»	70
La Colombe. — Murat	—	»	50
Ange Pitou	—	1	80
Pascal Bruno	—	»	50
Othon l'archer	—	»	50
Pauline	—	»	50
Souvenirs d'Antony	—	»	70

FRÉDÉRIC SOULIÉ.

Le Lion amoureux..... — » 30

LÉON GOZLAN.

Les Nuits du père Lachaise............ — 1 10
Le Médecin du Pecq... — 1 30

EUGÈNE SUE.

Les Sept Péchés capitaux. — 5 »

Chaque Ouvrage se vend séparément.

L'Orgueil......... — 1 50
L'Envie.......... — » 90
La Colère........ — » 70
La Luxure........ — » 70
La Paresse....... — » 50
L'Avarice........ — » 50
La Gourmandise... — » 50

Les Enfants de l'Amour. — » 90
La Bonne Aventure.... — 1 50
L'Institutrice......... — » 90

É. MARCO DE ST.-HILAIRE.

Une Veuve de la Grande armée............. — » 90

FÉLIX DERIÈGE.

Les Mystères de Rome. — 1 75

ÉLIE BERTHET.

Antonia.............. — » 90

CHARLES DE BERNARD.

La Femme de 40 ans... 1 vol. » 30
Un Acte de Vertu et la Peine du Talion..... — » 50
L'Anneau d'argent..... — » 30

LOUIS DESNOYERS.

Avent. de Robert-Robert. — 1 30

PAUL FÉVAL.

Les Amours de Paris... — 1 75
Les Mystères de Londres. — 3 »
Le Fils du Diable...... — 3 »

X. B. SAINTINE.

Une Maîtresse de Louis XIII — 1 10

ALPHONSE KARR.

Sous les Tilleuls....... — » 90
Fort en Thème........ — » 70

MÉRY.

Héva................ — » 50
La Floride............ — » 70
La Guerre du Nizam.... — 1 [illegible]

EUGÈNE SCRIBE.

Carlo Broschi......... — [illegible]
La Maîtresse anonyme.. — [illegible]
Judith ou la loge d'opéra. — [illegible]
Proverbes............. — [illegible]

Et divers ouvrages de MM. de BALZAC, FRÉDÉRIC SOULIÉ, FÉLIX PYAT, JULES SANDEAU, LÉON GOZLAN, etc., etc.

Paris. — Typ. de Mme Ve Dondey-Dupré, rue Saint-Louis, 46, au Marais.

DERNIÈRES PIECES DE THEATRE

PUBLIÉES PAR MICHEL LÉVY FRÈRES.

Titre	Prix
LE SONGE D'UNE NUIT D'HIVER, comédie en 2 actes	1 »
ESPAGNOLAS ET BOYARDINOS, vaudeville en 2 actes	» 60
GEMMA, ballet en 2 actes	1 »
SOUS UN BEC DE GAZ, vaudeville en 1 acte	» 60
LE MARBRIER, drame en 3 actes	1 »
LA ROSE DE BOHÊME, vaudeville en 1 acte	» 60
PAS JALOUX, comédie-vaudeville en 1 acte	» 60
LA BÊTE DU BON DIEU, drame en 5 actes	1 »
LE GENDRE DE M. POIRIER, comédie en 4 actes	2 »
MONSIEUR DE LA PALISSE, vaudeville en un acte	» 60
PROPRE A RIEN, vaudeville en 1 acte	» 60
RECULER POUR MIEUX SAUTER, proverbe-vaudev. en 1 acte	» 60
33,333 fr. 33 c. PAR JOUR, comédie-vaudeville en 3 actes	» 60
L'ESPRIT FAMILIER, comédie-vaudeville en 1 acte	» 60
LA BONNE AVENTURE, drame en 5 actes	1 »
UN MARI QUI PREND DU VENTRE, comédie-vaud. en 1 acte	» 60
SUR LA TERRE ET SUR L'ONDE, comédie-vaudev. en 5 actes	1 »
LE PENDU, drame en 5 actes	1 »
L'ARGENT DU DIABLE, drame en 3 actes	1 »
LA VIE D'UNE COMÉDIENNE, drame en 5 actes	1 »
LA VESTALE, opéra en 3 actes	1 »
LA PROMISE, opéra comique en 3 actes	1 »
LE MEUNIER, SON FILS ET JEANNE, comédie-vaud. en 1 acte	» 60
LE LAQUAIS D'ARTHUR, comédie en 1 acte	» 60
OU PASSERAI-JE MES SOIRÉES, comédie-vaudeville en 1 acte	» 60
DEUX FEMMES EN GAGE, comédie-vaudeville en 1 acte	» 60
LA CRISE, comédie en 3 actes	1 50
LA JOIE FAIT PEUR, comédie en 1 acte	1 50
LA MARQUISE DE TULIPANO, comédie-vaudeville en 2 actes	» 60
DEUX PROFONDS SCÉLÉRATS, vaudeville en 1 acte	» 60
L'ÉTOILE DU NORD, opéra-comique en 3 actes	1 »
THÉODORE, vaudeville en 1 acte	» 60
ÉLISABETH OU LA FILLE DU PROSCRIT, drame lyrique en 3 actes	1 »
LES ERREURS DU BEL AGE, vaudeville en 1 acte	» 60
L'HOMME A LA TUILE, vaudeville en 1 acte	» 60
UNE SOUBRETTE DE QUALITÉ, vaudeville en 1 acte	» 60
LOUISE DE NANTEUIL, drame en 5 actes	1 »
LE POUR ET LE CONTRE, comédie en 1 acte	1 »
LA PRIÈRE DES NAUFRAGÉS, drame en 5 actes	1 »
LES FILLES DE MARBRE, drame en 5 actes	1 »
PHILIBERTE, comédie en 3 actes, en vers	1 50
L'HONNEUR ET L'ARGENT, comédie en 5 actes, en vers	2 »
LADY TARTUFFE, comédie en 5 actes	2 »

CHEZ LES MÊMES ÉDITEURS

BIBLIOTHÈQUE CONTEMPORAINE

FORMAT IN-18 ANGLAIS

Ire SÉRIE
à 2 fr. le vol.

ALEX. DUMAS.

Le Vicomte de Bragelonne. . . . 6
Mém. d'un Médecin. 5
Les Quarante-Cinq. 3
Le comte de Monte-Cristo. . . . 6
Le Capitaine Paul. . 1
Chev. d'Harmental. 2
Tr. Mousquetaires. . 2
Vingt ans après. . . 3
La Reine Margot. . 2
La Dame de Monsoreau. 3
Jacques Ortis. . . . 1
Le Chev. de Maison-Rouge. 1
Georges. 1
Fernande. 1
Pauline et Pascal Bruno. 1
Souvenirs d'Antony. 1
Sylvandire. 1
Le Maître d'armes. 1
Fille du Régent. . . 1
Guerre des femmes. 2
Isabel de Bavière. . 2
Amaury. 1
Cécile. 1
Les Frères Corses. . 1
Impress. de Voyage.
— Suisse. 3
— Le Corricolo. . . 3
— Midi de la France. 2
— Bords du Rhin. . 1
— Capitaine Aréna. 1
Collier de la Reine. 3
Ange Pitou. 2
Les deux Diane. . . 3
Bâtard de Mauléon. 2
Acté. 1

E. DE GIRARDIN.

Études politiques. . 1
Questions administ. et financières. . . 1
Le Pour et le Contre. 1
Bon sens, bonne foi. 1
Le Droit au travail au Luxembourg et à l'Assemblée nationale 2

EM. SOUVESTRE.

Un Philosophe sous les toits. 1
Conf. d'un ouvrier. 1
Derniers paysans. . 2
Chroniq. de la mer. 1
Scènes de la Chouannerie. 1
Dans la prairie. . . 1
Les Clairières. . . . 1
Scènes de la vie intime. 1
Le Foyer breton. . 2
Sous les filets. . . . 1
En Quarantaine. . . 1
Histoires d'autrefois. 1
Nouv. et romans. . 1
Derniers Bretons. . 2

PAUL FÉVAL.

Le Fils du diable. . 4
Myst. de Londres. . 3
Amours de Paris. . 2

GABRIEL RICHARD.

Voy. autour de ma maîtresse. 1

LOUIS REYBAUD.

Jérôme Paturot à la recherche de la meilleure des Républiques. 4

BAB.-LARIBIÈRE.

Hist. de l'Assemblée nationale constituante. 2

ALBERT AUBERT.

Les Illusions de jeunesse 1

F. LAMENNAIS.

La Société première 1

EUGÈNE SUE.

Les Sept Péchés capitaux. 6

IIe SÉRIE
à 3 fr. le vol.

LAMARTINE.

Geneviève. 1
3 mois au Pouvoir. . 1

JULES JANIN.

Hist. de la littérature dramatique. 2

PR. MÉRIMÉE.

Nouvelles (3e édit.). 1
Episode de l'Hist. de Russie. 1
Les Deux Héritages. 1
Etudes sur l'Hist. romaine. 1
Mélanges historiq. et littéraires. . . 1

DE STENDHAL.

De l'Amour. 1
Prom. dans Rome. 2
Chartreuse de Parme 1
Rouge et Noir. . . . 1
Romans et Nouvell. 1
Histoire de la peinture en Italie. . . 1
Vie de Rossini. . . 1
Mém. d'un Touriste. 2
Racine et Shakspeare. 1

H. CONSCIENCE.

Scènes de la vie flamande. 2
Veillées flamandes (sous presse). . . 2
Guerre des Paysans (sous presse). . . 1

CH. DE BERNARD.

Le Nœud Gordien. . 1
Gerfaut. 1
Le Paravent. 1
L'Écueil. 1
Les Ailes d'Icare. . 1
La Peau du Lion. . 1
Un Homme sérieux. 1
Un Beau-Père . . . 1

HENRI BLAZE.

Ecrivains et Poëtes de l'Allemagne. . . 1
Souv. et Récits des Camp. d'Autriche. 1
Episode de l'Hist. du Hanovre (s. pr.). 1

JOHN LEMOINE.

Etudes critiques et biographiques. . . 1

GUST. PLANCHE.

Portraits d'Artistes. 2
Etudes sur l'École française 2

F. PONSARD.

Théâtre complet. . . 1
Etudes antiques. . . 1

ÉMILE AUGIER.

Poésies complètes. . 1

A. DE BROGLIE.

Etudes morales et littéraires. 1

LOUIS REYBAUD.

Mœurs et Portraits. 2
Jérôme Paturot à la recherche d'une position sociale. . 1
Nouvelles. 1
Romans. 1
La Comtesse de Mauléon. 1
La Vie à rebours. . 1
Marines et Voyages. 1

Mme E. DE GIRARDIN.

Marguerite. 1
Nouvelles. 1
Le Vic. de Launay. 1
Le Marquis de Pontanges. 1

ALPH. KARR.

Agathe et Cécile. . 1
Les Femmes. 1
Soirées de Sainte-Adresse. 1
Raoul Desloges. . . 1
Lettres écrites de mon jardin. . . . 1
Au bord de la mer (sous presse). . . 1

MÉRY.

Les Nuits anglaises. 1
Les Nuits italiennes. 1
Les Nuits indiennes. 1

TH. GAUTIER.

Les Grotesques. . . 1
Constantinople . . . 1
En Grèce et en Afrique (s. presse). . 1

DE PONTMARTIN.

Contes et Nouvelles. 1
Causeries littéraires. 1
Fond de la Coupe (sous presse). . . 1

OCT. FEUILLET.

Scènes et Proverb. 1
Bellah. 1
Scènes et Comédies. 1

LÉON GOZLAN.

Hist. de 130 femmes 1
Les Vendanges. . . 1
Nouvelles. 1

D'HAUSSONVILLE.

Histoire de la politique extérieure du gouvernement franç. 1830-1848. 2

EUG. FORCADE.

Etudes historiques. 1
Hist. des causes de la Guer. d'Orient. 1

HENRY MURGER.

Scèn. de la Bohème. 1
Scènes de la Vie de jeunesse. 1
Le pays Latin. . . . 1
Scènes de campagne 1
Les Buveurs d'eau. 1

CUVILLIER-FLEURY.

Portraits politiques et révolutionnaires (2e édit.). . . 2
Etudes historiques et littéraires. . . 2
Voyages et Voyageurs (sous pr.). . 1

JULES SANDEAU.

Catherine. 1
Nouvelles. 1
Sacs et Parchemins. 1
Un Héritage. 1

MARQUIS DE SAINTE AULAIRE.

Les derniers Valois. 1

E. TEXIER.

Critiques et Récits. 1
Contes et Voyages. . 1

ALEX. DUMAS FILS.

La Dame aux Camélias (5e édit.). . . 1
Contes et Nouvelles. 1
La Vie à vingt ans. . 1
Antonine. 1
Avent. de 4 femmes (sous presse). . . 1

AMÉDÉE ACHARD.

Les Châteaux en Espagne. 1

AUGUSTE MAQUET.

Nouvelles (s. presse) 1

ARNOULD FRÉMY.

Journal d'une jeune Fille. 1

L. RATISBONNE.

L'enfer du Dante (traduct. en vers, texte en regard). . 1

PAUL DELTUF.

Contes romanesques 1
Récits dramatiques. 1

PAUL DE MOLÈNES.

Caractères et Récits du temps. . . . 1
Aventures du temps passé. 1
Hist. sentimentales et militaires. . . 1

F. MALLEFILLE.

Le Collier. 1

C. CARAGUEL.

Soirées de Taverny. 1

THÉOD. PAVIE.

Scènes et Récits des Pays d'outre-mer. 1
Etudes et Voyages (sous presse). . . 1

CH. REYNAUD.

D'Athènes à Baalbek 1
Epîtres, Contes et Pastorales. . . . 1

HECT. BERLIOZ.

Les Soirées de l'orchestre 1

L. VITET.

Les États d'Orléans. 1

F. DE CONCHES.

Léopold Robert. . . 1

L.-P. D'ORLÉANS,

ex-roi des Français.

Mon Journal. Événements de 1815. 2

DE GROISEIL[illegible]

Histoire de l[illegible] de Louis[illegible] (2e édi[illegible]

CHAM[illegible]

Contes [illegible] veaux. [illegible]
Les Exce[illegible]

ÉMILE [illegible]

Histoire des [illegible] nationaux. [illegible]

G[illegible]
20[illegible]

Paris. — Imp. de Mme Ve Dondey-Dupré, rue Saint-Louis, 46, au Marais.

www.ingramcontent.com/pod-product-compliance
Ingram Content Group UK Ltd.
Pitfield, Milton Keynes, MK11 3LW, UK
UKHW021148220726
13924UKWH00003B/1062